男子 新体操 完全ガイド

競技の魅力と
楽しみ方がわかる

国士舘大学男子新体操部監督 山田小太郎 監修

JN022850

は じ め に

　ひと昔前、男子新体操は本当にマイナースポーツでした。男女共催の大会でも男子の演技を見ているのは、関係者だけ。新聞を見ても女子の結果しか載っていないということも当たり前のようにありました。

　その頃に比べたら、この10年あまりで男子新体操の認知度はかなり上がってきたと感じています。以前のように「男子なのに新体操？　リボンをくるくるやるの？」などと揶揄されることも減り、「男子新体操＝かっこいい」と認識してもらえることも多くなりました。

　インターネットの普及により、様々な形での情報発信がされるようになり、マスメディアではなかなか取り上げてもらえなかった男子新体操も、インターネットを通じて広く知られるようになったことが、追い風になっていると感じています。

　しかし、一方で競技人口はなかなか増えていきません。やっている選手たちの技量は確実に上がり、芸術スポーツとしての男子新体操は確実に進化しています。それでも、「やろう」という子ども達を増やせていない。これは大きな課題になっています。また、採点方法や指導方法などもまだ確立しておらず、同じ男子新体操をやっているはずなのに、指導者や審判によって大きく価値観が違っているということもままあります。

　認知度や人気の面でも、スポーツとしての成熟も、男子新体操はまだまだ発展途上です。それでも、2020年には漫画の連載が始まり、2021年にはテレビアニメも始まりました。今年は、今までとはけた違いに多くの人に男子新体操を知ってもらえる年になる予感がします。

　男子新体操に興味をもってくれた人に、男子新体操のことをより知ってもらえるような本があればいいのに、とはずっと思っていましたが、この最高のタイミングでそれが実現することになりました。「男子新体操のファンです！」という人にとっても、「今、男子新体操を頑張っています！」という人にとっても、面白く、役に立つものにしたいと、かなり欲張った内容になってしまいましたが、この10年間の男子新体操の記録としても貴重、価値のあるものになったと思います。

　この本が多くの人に届き、男子新体操のことをより深く知ってもらえることを願ってやみません。

　「男子新体操」、この素晴らしき世界へ、ようこそ！

本書の使い方

- 1章、6章、7章は読み物パートです。男子新体操をより深く知ることができ、うんちくを語れるようになります。
- 2～5章では、現在、男子新体操をやっている人、これから始める人にぜひ参考にしてほしい技術的なことを網羅しました。もちろん、観戦専門の方の観戦力アップにも役立ちます。

この章のテーマ　　　2～5章では技名、その技の特徴など　　　このポイントで扱っている内容

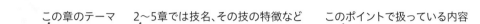

現役選手による見本写真を多用！

あえてのNGカットも加え、わかりやすく解説。

全国大会でTOP3以内の実績をもつ名選手たちを各奇数ページ下で紹介。（実績は代表的なもの）

過去の大会、取材などで撮影した膨大な写真の中から、内容に即した参考になるものを多数掲載。

選手名の後の所属名は撮影当時のものを記載。

扱っているポイントに関連するルールや歴史などのミニ知識。ここを押さえておけば、あなたも「男子新体操通」！

目 次

●はじめに
●本書の使い方

Part 1 「男子新体操」ってどんなスポーツ?

ポイント1　男子新体操の歴史を知ろう! ……………………………… 8
ポイント2　男子新体操のルールを学ぼう!(団体) ……………… 10
ポイント3　男子新体操のルールを学ぼう!(個人) ……………… 12
ポイント4　いつ、どこに行けば、男子新体操を観られるの? ……… 14
コラム1　男子新体操は、推し活に好適! ……………………………… 16

Part 2 男子新体操の要「徒手」ってなんだ?

ポイント5　ここが原点!　「上挙・側挙」 ……………………………… 18
ポイント6　団体演技の見せ場「上下肢(屈伸運動)」 ……………… 20
ポイント7　大きく開く胸をアピール!「胸後反」 ……………………… 22
ポイント8　深い前屈と弾性運動を見せる!「斜前屈」 ……………… 24
ポイント9　男子新体操の醍醐味「体回旋」 ………………………… 26
ポイント10　勝負の分かれ目「倒立」 ………………………………… 28
ポイント11　チームの個性が際立つ「バランス」 …………………… 30
ポイント12　演技にダイナミズムを加える「跳躍」 …………………… 32
ポイント13　初心者最初の試練「柔軟」 ……………………………… 34
ポイント14　男子新体操特有の動き「のび・ため・ふくみ」 ………… 36
コラム2　体操で魅せた!　名選手列伝 …………………………… 38

Part 3 男子新体操一番の魅力!「タンブリング」徹底研究

ポイント15　これが基本!　「ロンダード⇒バク転」 ………………… 40
ポイント16　ひねり技につながる基本「後方転回系の技」 ………… 42
ポイント17　交差など団体演技に必須!「前方転回系の技」 ……… 44

ポイント18 ハッ！とさせるアクセントに 「側方転回系の技」 …………………… 46

ポイント19 ワンランクアップを目指すなら「ひねり技」 …………………… 48

ポイント20 演技のクライマックスを彩る「連続技」 …………………… 50

コラム3　みんなが憧れた！　スーパータンブラー列伝 …………………… 52

Part 4 男子新体操の花形・団体競技の魅力

ポイント21 「団体競技」のルールと魅力 …………………… 54

ポイント22 団体の評価は「徒手」で決まる！ …………………… 56

ポイント23 団体ならではの迫力「タンブリング」 …………………… 58

ポイント24 団体競技究極の見せ場「組・組立運動」 …………………… 60

ポイント25 男子新体操を進化させた「多彩な表現」 …………………… 62

コラム4　語り継がれる伝説の団体演技 …………………… 64

Part 5 「観るスポーツ」の魅力満載！　個人競技の世界

ポイント26 投げる・ころがす・回す　スティックの基本操作 …………………… 66

ポイント27 しっとり系の名作そろい！　スティックの演技 …………………… 68

ポイント28 2本あるから面白い！　リングの基本操作 …………………… 70

ポイント29 ドラマチック＆エキサイティング！　リングの演技 …………………… 72

ポイント30 投げて跳んで、また跳ぶ！　ロープの基本操作 …………………… 74

ポイント31 躍動感、スピード感溢れる　ロープの演技 …………………… 76

ポイント32 同時と非対称を使い分ける　クラブの基本操作 …………………… 78

ポイント33 胸に沁みる名作多し！　クラブの演技 …………………… 80

ポイント34 「個人競技」の楽しみ方・味わい方 …………………… 82

コラム5　まるでマジシャン！　手具の達人列伝 …………………… 84

Part 6 男子新体操の新たな道「エンターテインメント性を生かす！」

ポイント35 男子新体操を進化させた！　表現の匠たち① …………………… 86

ポイント36 男子新体操を進化させた！　表現の匠たち② …………………… 88

ポイント37 認知度アップに貢献！　団体の千両役者たち …………………… 90

ポイント38 「エンターテインメントを仕事に！」を実現した先輩たち …………………… 92

コラム6　男子新体操は国際化するのか？ …………………… 94

Part 7 これからどうなる？　男子新体操の未来を考える

ポイント39　「国民スポーツ大会」への復帰とこれから　……………… 96

ポイント40　ジュニア⇒高校⇒大学（社会人）の連係の広がり　……………… 98

ポイント41　男子新体操を生かした様々なセカンドキャリア　……………… 100

【男子新体操イエローページ】
男子新体操やりたい人はここをチェック！………………………… 102

おわりに　…………………………………………………………… 108

男子新体操をやる & 応援する　ためのサポーターを見つけよう　……………… 108

国士舘大学2018団体

Part 1

「男子新体操」って
どんなスポーツ?

アニメや漫画などでじわじわ人気が高まっていて、
どうにも気になる「男子新体操」だけど、
わからないことだらけ。
その歴史、ルールなど
基本のキから知りたーい!

臼井優華
(大垣共立銀行OKB体操クラブ)
2016全日本チャンピオン

男子新体操の歴史を知ろう！

国士舘大学2015団体

男子の競技も行われており、その歴史は女子とほぼ変わらない。全日本学生選手権では1970年から個人競技も行われ、当初は「徒手」や「マット」など今では見られない種目もあったが、1990年からは現在と同じ「スティック、リング、ロープ、クラブ」の4種目に落ち着いた。

男子新体操は、日本発祥のスポーツと言われており、1949年から「団体徒手体操」として行われてきた。女子が海外から「新体操」を取り入れ、国際化していく傍ら、男子は日本独自のスポーツとして進化を続けてきた。

全日本選手権では1952年から、全日本学生選手権（インカレ）では1950年から

しかし、1984年から五輪種目になった女子の新体操と違って、男子新体操は長い間、マイナーな存在だった。「男子が新体操」というだけで、嘲笑されることもあったが、2000年代になってから徐々に風向きが変わり始めた。

男子新体操

ここがポイント！

2002年の全日本学生選手権では青森大学が団体初優勝。2003年は野田光太郎（当時花園大学）が個人総合初優勝。新しい時代を切り拓く斬新な演技が持ち味で、男子新体操の進化におおいに寄与した。

1998／2000全日本チャンピオン
山田小太郎（国士舘大学）

が多くの人に知られるようになったのは、2008年にテレビのバラエティ番組に登場したころからだ。2010年には、テレビドラマ「タンブリング」が放送され、この年の終わりには、シルク・ドゥ・ソレイユか

1970年代の男子新体操団体

青森大学2013団体

ら声がかかり2011年からのワールドツアーに男子新体操がプログラムに取り入れられ、ショーは変わっても現在もそれは続いている。2016年のリオ五輪では、閉会式後のパフォーマンスにも青森大学の選手たちが登場。世界に向けておおいにアピールした。

注目が高まるに伴い、男子新体操はここ10年で凄まじい

安藤梨友（青森大学）

変化と進化をしてきた。かつてはランニング＋長パンだった試合着もフィギュアスケートのようにきらびやかになり、手具も美しく装飾されたものを使う選手が増えてきた。表現スポーツ、芸術スポーツであるという意識が強まってきたのだ。

進化しているのは外見だけではない。2004年頃から大会にスプリングマットが使われるようになり、体操選手さながらの高難度なタンブリングをこなす選手も増えた。2015年に現在のルールになってからは、より高度な手具操作を演技に数多く入れることでボーナス点（⇒ポイント3参照）が得られるようになり、現在の個人演技はひと昔前と比べるととてつもなく高難度化してきている。

2020年の全日本選手権では安藤梨友（青森大学）がチャンピオンになったが、安藤はまさに「現代の男子新体操が求める理想形」を体現した選手だった。

Men's RG Player①
木村 功（1987年生まれ）
花園大学卒
2009全日本選手権2位

9

ポイント 2 男子新体操のルールを学ぼう！（団体）

青森大学2018団体

団体競技は、2分45秒〜3分の演技を、6名1チームで行い「構成（D）」「実施（E）」それぞれを10点満点で、原則的に構成4名、実施4名の審判員が採点し合計20点満点で決定点を出している。

■実施点（E）

「バランスでのふらつき」「倒立がつぶれる」などのミスのたびに減点を行う。たとえば

バランスでのふらつき（1歩）は、0.1の減点だが、団体の場合は一人につき0.1減点なので3人がふらつけば0.3という大きな減点となる。タンブリングに関しても、着地の乱れは1名1歩につき0.1の減点。もっとも大きな減点は、着地でのしりもちでこれは一人でも0.3の減点になってしまう。

しかも、そういった素人目にもわかるミス以外にも実施減点はいくらでもある。上挙や側挙、体回旋などの徒手系の技術では、「姿勢の美しさ」「柔軟性」「動きの大きさ」「動きのアクセント」「かかとの引き上げ」

ここがポイント！

団体の特徴的な技「組み」だが、これは少し意外だが「転回系」に分類される。組みは転回系基礎要素群3にあたるので、3群の上限2回を超えないように組みを入れる場合は転回の回数に気をつけよう。

青森山田高校2017団体

「動きの制御」「跳躍の高さ」などに欠ける部分があればその程度により0.05～0.3の減点となる。また、団体ならではなのが「団体同時性」の項目で団体の中で一人でも動きやリズムが狂っていれば0.1、複数なら0.2の減点となる。

国士舘大学2016団体

福岡大学2018団体

■構成点（D）

構成では、難度、徒手、転回ごとに要求要素があり、それを満たさなければならない。

●難度の要求要素⇒A難度は制限なし、B難度2、C難度3、D難度1

神埼清明高校2015団体

●徒手系の要求要素⇒「1群：各種徒手（上肢・下肢の回旋・屈伸、体の前屈・後屈・側屈、回旋、弾性運動、腕の振動、胸の後反など）」「2群：跳躍」「3群：柔軟（2秒静止）」「4群：バランス（2秒静止）」「5群：倒立（2秒静止）」各群最低1つは入れる。

●転回系の要求要素⇒「1群：全員同時スタート」「2群：全員を2段に分けてスタート」「3群：全員を3段以上に分けてスタート」を全て入れ、転回系を4回以上入れる。

●隊形の要求要素⇒隊形は最低5つの異なったものを含む。

これらの要求要素をより高いレベルで行うことで構成点は上がるが、この他にも「多様性（空間使用、リズム変化など）」「音楽と動きの関係」「独創性」なども採点の対象になっている。また、団体特有の「交差」「組み」などは、難度の組み合わせ方によって難度が変わる。「A難度の転回をC難度の転回で飛び越える⇒C難度の交差」という具合だ。より深く知りたい人は、まず「採点規則」（⇒P108参照）を熟読してみるとよいだろう。

Men's RG Player ①
福士祐介（1989年生まれ）
青森大学卒
2014年全日本選手権3位

男子新体操のルールを学ぼう！（個人）

安藤梨友（青森大学）

　個人競技は、1分15秒から1分30秒の演技を手具を持って行う。個人総合ではスティック、リング、ロープ、クラブの4種

目を演技する。個人は長く10点満点での採点だったが、2015年から構成（D）10点＋実施（E）10点の20点満点へと変更された。

■実施点（E）

　個人演技は、「手具操作の技術」において、「手具の静止」「手具の落下」「不正確な受け」「受けのための移動」「形状や面の作り方が不正確」などの欠点が見られる場合に0.1〜0.4の減点となる。もっとも大きな0.4減点は、手具を2つ同時に落とした場合だが、落下は1つでも0.3と大きな減点となる。「身体の動きの技術」においては、団体の実施点と同じような減点がある（⇒ポイント2参照）。

　特徴的なのは、減点だけでなく「ボーナス加点」があることだ。「熟練度と芸術性」に対して最大0.3が与えられるが、このボーナス点を得るためには「完璧な技術を用いて、音楽のテーマと構成のメッ

堀口裕（同志社大学）

ここがポイント！

　個人演技でよく使われている「シェネ×3」での投げ受けは、「投げ受け中の3回以上転回」となりD難度だ。比較的とりやすいD難度なのでぜひ挑戦したい。まずは正確なシェネをマスターしよう。

セージを表現し観衆に伝え感動させること」が求められる。

■構成点（D）

構成では、難度、徒手、転回、手具操作ごとに要求要素があり、それを満たさなければならない。

●難度の要求要素⇒A難度は制限なし、B難度2、C難度3、D難度1

●徒手系の要求要素⇒「1群：各種徒手（上肢・下肢の回旋・屈伸、体の前屈・後屈・側屈、回旋、弾性運動、腕の振動、胸の後反など）」を入れなければならない。

●手具操作の要求要素⇒4手具それぞれに要求要素があり（⇒5章参照）、要素が不足すると1つにつき0.3という大きな減点となる。選手としては入れているつもりでも、条件を満たさないと要素として認められない場合もある。たとえば「投げ」が2m以上の高さに満たない場合、ころが

満仲進哉（青森大学）

しが短く1mに満たない場合、ロープの回し跳びが2回連続にならなかった場合などは要素として認められず、リカバリーできなければ0.3減点となってしまう。

タンブリングと手具操作を組み合わせることによって、難度が1ランクアップし、投げ受け中に転回系を行うと転回系の数によってA～D難度と認められる。さらに、構成点にもボーナス加点が設けられており、「独創性」「技術の価値」に対して0.1～0.2のボーナス点が与えられる。たとえば「構成中に4つ以上のD難度が入っている場合」「視野外の投げ上げや受け取り、手以外での投げ上げや受け取りが入っていた場合」は、0.1の加点がつく。

城市拓人（青森大学）

Men's RG Player③
柴田翔平（1989年生まれ）
青森大学卒
2011全日本選手権2位

13

ポイント4 いつ、どこに行けば 男子新体操を観られるの

国士舘大学2018集団演技「革命」

「男子新体操をリアル観戦したい！」と思っても、いつどこで観られるのか？ファン初心者にとっては、まずはそこが高いハードルかもしれない。メジャースポーツと違って、大会の情報は自分から探さなければならないのだ。それでも2010年あたりからはネット上にはかなり情報が出るようになっているので、まずはそこをチェックするとよいだろう。（⇒P109参照）

参考までに代表的な年間スケジュールを紹介しておこう。

■1月〜テレビ信州杯（長野県）

■2月〜 GA CUP（福岡県）

■3月〜国士舘大学男子新体操部演技会（新潟県）、演技会、発表会など多い。
全国高校選抜大会（年によって開催地が変わる）

■4・5月〜各地でインターハイ予選、ブロック大会など。

■5・6月〜全日本ユースチャンピオンシップ/全日本男子新体操団体選手権

■8月〜全国高校総体、全日本学生選手権（年によって開催地が変わる）、井原カップ

ここがポイント！

観覧無料の大会、演技会も多いが、基本的に日本体操協会主催の大会はチケット有料で全席指定になっている。高校総体は例年非常に観客が多く、入場に苦労する年も多いので注意。

光明学園相模原高校2020団体

（岡山県）

■9月～全日本男子新体操クラブ選手権、全日本社会人選手権大会（岐阜県※変わる年もあり）

■10・11月～全日本新体操選手権、国民スポーツ大会（2024年より）

■11月～全日本ジュニア新体操選手権

■12月～演技会、発表会など多い。

青森大学2017団体

井原高校2020団体

初めて観戦するという人にお薦めなのは、やはり「全日本新体操選手権」だ。高校総体や学生選手権、社会人大会などで上位に入った選手、チームが一堂に会して「日本一」を決める大会なので、レベルも高くジュニアから社会人まで幅広い年齢層の選手たちを見ることができる。

ただし、新体操の大会は概して時間が長く、ほぼ1日中やっている。いきなり長時間の観戦はつらいという方にお薦めなのが、シーズンオフ（12月～3月）に多い発表会や演技会だ。これらは、2時間程度の場合が多く、競技以外の集団演技など、よりエンターティンメント性の高い演技を見ることもできる。発表会・演技会は、新体操クラブや新体操部のある大学などで行われることが多いので、情報をまめにチェックしておこう。（⇒P106参照）男子新体操の強豪校がある岡山県、宮崎県、岐阜県、京都府などには長く続いている演技会があり、地元の人たちにも楽しみにされている。

ほとんどの大会が女子との共催になっているが、「男子新体操だけを観たい！」という人にお薦めなのは、9月に行われる「全日本男子クラブ選手権/全日本社会人大会」だ。この大会は、基本男子選手のみで行われており、2日間の大会期間中、ひたすら男子新体操を見ることができる。出場選手もキッズ（小学生）から社会人まで、個人競技も団体競技もあり、男子新体操を満喫することができるに違いない。

Re:Cord2020団体

Men's RG Player④
廣庭捷平（1990年生まれ）

福岡大学卒
2013全日本社会人優勝

15

男子新体操は、推し活に好適！

アイドルでもスポーツでも、自分が「いいな！」と気づいたときにはすでに他のファンがいて、「出遅れちゃったな」と感じると気おくれしてしまうことはあると思う。

男子新体操も例外ではなく、すでにファン歴ウン年、選手のこともよ〜く知ってるというコアなファンを見てしまうと、「つい最近、好きになりました」なんて言いにくい、下手に感想なんて言えないという気になってしまうかもしれない。

が、そんなことはない。男子新体操は歴史こそ長いが、なにしろ競技人口が少ない。今ならちょっとネットを調べればかなりの情報を得ることができる。昨日、今日好きになっ

佐藤颯人（青森大学）

たとしても、あっという間に旧来のファンに知識では追いつくことができるのだ。

たとえば、野球やサッカーでごひいきのチームや選手がいても、すべての試合を観戦するのはかなりハードルが高い。が、男子新体操なら、残念ながらせいぜい年間3〜5試合くらいだ。好きな選手が見つかったら、その選手の出ている試合を全部観戦することも決して困難ではない。

すべての演技を見ていれば、どんどん情が沸く。より深く男子新体操を楽しむことができ、選手たちの生きる日々を共に生きているような気にさえなれる。

アイドルやメジャースポーツに比べたら、まだファンも少ないので「TOP of ファン」を目指すことも夢ではない。今、流行の「推し活」だが、どうせ情熱を傾けるなら、男子新体操はかなりお薦めだ。

平野泰新（花園大学）

Part 2

男子新体操の要
「徒手」ってなんだ?

男子新体操といえば、派手なタンブリングに目がいきがち。
だが、少し見慣れてくると「徒手」に心惹かれるに違いない。
「徒手」を制するものが男子新体操を制すとも言われる
その魅力を探ってみよう。

川東拓斗(国士舘大学)
2019全日本チャンピオン

ポイント **5**

ここが原点！「上挙・側挙」

国士舘大学 2020 団体

行っているのがこの「上挙・側挙」なのだ。これならできそう、と思う人は一度やってみるといい。腕や背中、様々な場所が筋肉痛になること間違いなしだ。

それだけ研ぎ澄まされた動きだからこそ、たかが上挙、たかが側挙でも、凛とした美しさ、荘厳なまでの静寂を表現することができ

他の見るからにスゴイ技と違って、この「上挙・側挙」は、一見簡単そうに見える。これなら真似できる！　と言いたくもなる。ところが、これはただ腕を上や横に挙げているだけではない。たったこれだけの動きの中にも気をつけるポイントは数多くあり、体の隅々まで神経を行き届かせて

るのだ。そして、それを団体では6人揃って行う。腕の角度から、指先の形まで見事なシンクロぶりが際立つのも美しい「上挙・側挙」あってこそなのだ。

ここがポイント！

上挙のときの指先の形はチームによって違う。親指を中に入れる場合もあれば、軽く握るような形を作る場合もある。親指を中に入れると、指先が刺すように鋭く見えるので上挙ではこの形が多いようだ。

光明相模原高校 2017 団体

1 上挙

NG!

村山颯（国士舘ジュニアRG）

①は横から、②は正面から見た正しい上挙。美しい上挙のポイントは「上へ上へと伸び続けているように見えること」だ。背中の真ん中からねじり上げるような感覚で、腕を上に挙げ、さらに上に引っ張り続ける。

③は、よくあるタイプの残念な上挙。腕の位置はいいところにあるが、背中に力が入っていないので体が平坦になってしまい、張りがない。①と見比べてどこが違うのかよく考えてみよう。

2 側挙

NG!

①が正しい側挙。②は、指先の形をクローズアップしたもの。これは親指を中に入れた形をとっているが指先まで神経の届いた美しい形になっている。③は、やや残念な側挙の例。腕は上がっているのだが、体がまったく意識できていないため、本来胸が張り気味になるべきところ、猫背になってしまっている。

三桜電気工業 2018 団 体

Men's RG Player⑤
松田陽樹（1991年生まれ）
青森大学卒
2012全日本選手権優勝

ポイント 6

団体演技の見せ場「上下肢（屈伸運動）」

Re:Make2013 団体

　れがちなのがこの「上下肢」と呼ばれる動きだ。

　しかし、よく見るとこの運動の奥深さ、難しさがわかってくる。そして、初めは笑ってしまったこの動きが尊く感じられるようになるのだ。

　ポイントは、力んでしゃがんだり、立ったりするのではなく手におもりを持っているようなイメージで脱力しながら屈伸、お尻が落ちた反動で腕が振り上がり、その腕に引っ張られて体も持ち上がりぐーっと伸びる。そして落ちる、伸びるを繰り返す。地味に見えるが男子新体操のクラシカルな良さを見せる重要な徒手要素だ。

　初めてこの動きを見たとき、たいていの人は「ラジオ体操？」と思うだろう。かっこいい団体演技の中で突然6人そろってこれをやられると「えー、なんで？」と感じる人もいると思う。一見してかっこいいわけではないし、難しそうにも見えない。そんな動きをなぜわざわざ入れるのかと思わ

ここがポイント！

　上下肢の先頭は、一番目立つ場所なのでそのチームの顔とも言える主軸選手が先頭になることが多い。しかも、先頭は他の選手の動きが見えないので、そのプレッシャーは測り知れないものがある。

国士舘大学2020団体

●上下肢運動のポイント

NG!

猫背！

膝が前に出てる！

かかとはこれくらい高く！を目指そう。

青森大学 2013 団体

①で側挙しかかとを高く上げて構え、②で腕を下げクロスしながら、両膝を外側に開いて曲げる。③でぐっとお尻を落とし膝を深く曲げるが、このときかかとは高さを保持しておく。④で腕を振り上げ真上に引っ張り、同時に膝も伸ばして立つ。⑤は、お尻を落としたときに脱力してしまい猫背になり、膝も前に出してしまっている。

Men's RG Player⑥
小林 翔（1991年生まれ）
青森大学卒
2009全国高校総体優勝

大きく開く胸をアピール！「胸後反」

ポイント **7**

国士舘大学 2016 団体

団体演技には必ず入っている印象の「胸後反」だが、気をつけて見ているとキャリアの浅いチームや年齢の低いチームは入れていないことも多い。ただでさえ難しい「胸後反」を6人揃って行うのは至難の業で揃っていなければ減点にも繋がる。要求要素1群を団体演技には入れなければならないが、1群の中には「胸後反」よりもやり易い技もある。キャリアの浅いチームであれば比較的易しい技から始め、いずれは6人揃っての胸後反が見せられるように練習を重ねていきたい。個人演技でも「胸後反」は必須ではない。それだけに美しい胸後反は演技に入れると大きなアピールになる。

「胸後反」は、団体競技においては「徒手の要求要素」（⇒P10参照）1群にあたり、個人競技の徒手系要求難度としても認められる。難度表には記載されていない技なので、この動きが何点になるというわけではないが、男子新体操では非常にポピュラーかつ差のつく徒手要素なので、正しい形、やり方をしっかり押さえておきたい。

ここがポイント！

「あの選手は体操がいい」と言われる選手のほとんどは、この胸後反が得意だ。近年の全日本チャンピオンでは川東拓斗（2019）、小川晃平（2015）らはよいお手本になるだろう。

青森大学 2018 団体

●胸後反のポイント

①
かかとを高く保って、美しい上挙をキープしておく。

②
大きく一歩前に踏み込むと同時に腕を後ろに引っ張り、上体を後ろに反らす。

③
後の脚は外向きで十分に伸ばし、Uの字を横にしたような形を見せる。

美しい胸後反の基本は、胸を後ろに反らせる直前まで十分上に引っ張った上挙を見せておくこと。一気に胸を反らすと同時に腕を思い切り後ろに回し横から見るとUの字を横にしたような形になるのが理想だ。胸、背中だけでなく肩も柔らかくないと、美しいUの字にはならず、腕が横にだらりと落ちた形になってしまう。後ろに伸ばした脚は膝が外に向くように意識し、つま先を伸ばし指で床を押すように意識する。ほんの一瞬で完結する技だが、男子新体操の美しさの象徴でもあり、理想の形で実施することはかなりレベルの高い選手でも難しいと言われる奥の深い徒手要素だ。

NG!
体が反っておらず背中がまっすぐ。腕も後ろに引けていない。

NG!
前に踏み出した足が内股。これはとても多いので注意!!

石川裕平（国士舘大学）

GOOD
後の脚の膝が外向きでつま先も伸びている。

Men's RG Player⑦
弓田速未（1991年生まれ）
国士舘大学卒
2014全日本選手権優勝

ポイント8　深い前屈と弾性運動を見せる！「斜前屈」

大垣共立銀行OKB体操クラブ 2017 団体

いよく前に体を倒す。腕を上挙してぐっと上に引っ張った形をとっておいての急降下なので、その静と動のコントラストがこの技の魅力だ。それだけに斜前屈には重量感も必要で、たとえ細身な選手でも、前屈した瞬間に「どーん」という音を感じられるように、動きで重量感を出せる斜前屈を目指したい。

「どの選手の斜前屈が好き？」コアな男子新体操ファンになるとこんな話題で盛り上がることもある。胸後反と斜前屈はそれくらい男子新体操が好きな人にとっては「たまらない」動きなのだ。

斜前屈は、膝が真上を向くようにした上で、頭を膝の横あたりに入れるつもりで勢

また、屈身して起き上がったあとの大きく開脚してやや胸を張るポーズもこの技の醍醐味で団体で6人揃って行うと、荘厳な雰囲気が出る。

ここがポイント！

団体王者・青森大は、斜前屈の起き上がってからのポーズで張った胸を6人揃って動かした年があった。ほんの数センチの動きではあったが、それをピタリと揃えることで青森大の凄みを感じさせたのだ。

花園大学2020団体

●斜前屈のポイント

前脚のつま先が!!!

①は両足ともかかとが高く、後の脚の膝も外向きになっており、上挙して体を上に引っ張れている。②の形まで一気に体と膝を曲げる。左右の腕はなるべく同じ高さが望ましい。③屈伸で起き上がり胸を張ったところ。一連の動きで足が内股になっていないのも非常によい。

【正面から見た斜前屈】

GOOD

上に引っ張ったときの足。かかとの高さ、つま先の伸びが GOOD！

高橋晴貴（国士舘大学）

ポイント
9

男子新体操の醍醐味「体回旋」

花園大学 2020 団体

徒手系要素と違って体回旋はかかとを上げる必要がなく、足も床についたままなのでつま先の弛みが気にならない。極端な柔軟性も必要ない。つまり、特別な訓練をしていなくても、比較的それなりの形ができるのだ。とくに左右に腕を開いて胸を張った形は、どこのチームでもたいてい美しいし、団体でも揃いどころだ。

体回旋は、とても美しい技で、かつ比較的キャリアの浅い選手、チームでも美しい形を見せてくれる撮影にはもってこいのポイントだ。もちろん、簡単なわけではない。これも正しく、美しく実施するためには気が遠くなるくらい様々なことを意識して行わなければならないのだ。しかし、ほかの

ただ、この比較的誰でもできる技でさえ、やはり熟練者とそうでない人の差はある。長く新体操を続けている人たちはその差をいかにつけるかに心血を注いでいるのだ。

ここがポイント！

柔軟性も筋力も美しい脚のラインも一朝一夕には手に入らない。しかし、この体回旋は気をつけるべきポイントを意識するだけですぐに改善が見られる。それだけ磨き甲斐のある徒手要素と言えるだろう。

鹿児島実業高校2020団体

●体回旋のポイント

胸を張るのではなく、お腹が出ている。

重心の移動が不十分でお尻が残ってしまっている

国士舘大学2020団体

①で両脚を広く開いて立って体を右に向け、左腕をできるだけ遠くまで伸ばす。②で左腕を一気に体の前を回しそれに伴って体も左脚にのせていく。③追いかけてきた右腕を振り上げ、体を完全に左脚側に倒す。④体を真ん中に戻し腕も左右対称に開いて止める。

体回旋であって、腕回旋ではない。体は大きく左右に振るが脚は一切動かず遠心力による自然運動を意識しよう。

Men's RG Player 9
佐々木智生（1991年生まれ）
国士舘大学卒
2008全国高校総体3位

勝負の分かれ目「倒立」

ポイント 10

国士舘大学 2016 団体

高校総体や学生選手権、全日本選手権などの大一番で見る団体の演技は、じつに心臓に悪い。いつどこでミスが起きてもおかしくないだけのことをやっているだけに手に汗握る。が、案外、とても難しそうな組み技などではミスは起きず、「そこ？」というところでのミスで勝負が決まったりしてしまう。

「倒立」は、その勝負の決まるポイントになりがちな徒手難度だ。ほとんどのチームが「鹿倒立」をやっているがそう決まっているわけではない。ただ、他の倒立に比べて鹿倒立は見映えがする。倒立への入り方も背倒立から入ってみたり、工夫ができるのも鹿倒立の魅力と言えるだろう。

一方であまりにも鹿倒立が普及してしまったため、普通の倒立ができないままやっている選手もいるという。まずはしっかりと普通の倒立を練習しよう。それがマスターできてこそ盤石の鹿倒立ができるのだ。

ここがポイント！

華舞翔新体操倶楽部が見せた「後方ブリッジ⇒鹿倒立」は斬新だった。小学生のころからやり始め、ジュニア最後の年にも大会で挑戦してミスはしていたが印象に残るナイスチャレンジだった。

青森大学 2020 団体

●倒立(鹿倒立)のポイント

NG! 伸ばした脚が外側に逃げている。

NG! 膝曲がってる!つま先伸びてない!

青森大学2013団体

①で構え(ここでは膝立ちから入るパターン)、②でまず倒立に入る。しっかり肩にのり倒立が安定したら③のように脚を鹿の形にする。④十分に静止したあと頭を入れて膝を伸ばし、体をまっすぐにして倒れる。
ポイントは②で、まずベーシックな倒立ができてこその鹿倒立だ。②のように肩の上にしっかりとのった倒立をすることが「失敗しない倒立」の必須条件だ。鹿の形で静止すると膝やつま先の汚さも目立つのでそこまで意識しよう。

Men's RG Player⑩
斉藤剛大(1992年生まれ)
国士舘大学卒
2014全日本選手権優勝

ポイント 11 チームの個性が際立つ「バランス」

川端勇輝（国士舘大学）

団体競技において「徒手系の要求要素」のひとつとなっているのが、「バランス」だ。「片脚支持で上体と下肢が水平を越えて静止すること。2秒静止すること」が求められる。以前は、ほとんどのチームが片脚で

立ち、動脚を後ろに90度以上に上げる「基本のバランス」を行っていたが、近年は男子でも柔軟性の強化が進んできたため、チームによって個性の見えるバランスが増えてきている。

　脚をより高く上げれば見映えもし、難度のレベルも上がるが、無理に脚を高く上げることによって軸足の膝が曲がったり、内股になる、ふらついたりするなど実施面でマイナスが出てしまっては本末転倒だ。まずは基本のバランスを美しく、余裕をもってできるようにしよう。

1 基本のバランス

大垣共立銀行 OKB 体操クラブ2017団体

　片脚で立ち、動脚を後ろ90度以上に上げて保持する。採点規則の難度表では「水平バランス」と表記されている。団体で6人揃って行えば B 難度になる。

ここがポイント！

　団体で6人揃って行う基本のバランス（水平バランス）はC難度、脚を保持しないで行う180度開脚の片脚立ちだけがD難度になる。見た目の印象の差ほどバランスの種類では点差はつかない。

2 脚を保持してのバランス

国士舘大学2016団体

神埼清明高校2017団体

井原高校2020団体

　上げた脚を片手で持つバランスは、女子ではポピュラーだが男子では2015年の国士舘大学あたりから流行してきた。ただし、このバランスは、基本のバランスと同じ難度なので得点のうまみはあまりない。が、演技の華やかさが増し、柔軟性をアピールする効果はおおいにある。

　本来は、タンブリングの強さ、組み技の派手さで突出していた神埼清明高校などは、2016年から取り入れたこのバランスで「体操もすごい」という評価を一気に高めた。

3 脚を保持しないバランス

花園大学2014団体

　女子の新体操、バレエなどでいう「パンシェ」の形で、2011年に井原高校がインターハイで披露し度肝を抜いた。井原高校の卒業生が多く進学していた花園大学にもこのバランスは引き継がれ浸透していった。男子でこの開脚度を出すのは至難の業。

Men's RG Player①
細羽勇貴(1993年生まれ)
花園大学卒
2015全日本選手権3位

ポイント 12

演技にダイナミズムを加える「跳躍」

国士舘大学 2017 団体

ジャンプを見せたあたりから、徐々に跳躍を演技に入れる選手も増えてきた。「跳躍」と言っても、難度としてカウントされるものもあれば、演技にダイナミックさを加えたり、選手の個性を際立たせる効果を狙った難度にはならないものもある。スプリングマットの上で男子選手が跳ぶジャンプは、高さがあり滞空時間も長く見ごたえがある。

一方で、つま先や膝のゆるみなどが目立ってしまうという側面もあるので、演技に跳躍を入れる際は、自分に合ったもの、自信をもって実施できるものを選びたい。団体では6人揃えることが非常に難しいのでチームの熟練度が測れるのが跳躍だ。

「鹿跳び」「前後開脚跳び」「左右開脚跳び」などの跳躍は、団体競技においては「徒手の要求要素」（⇒P10参照）の１つとなっている。が、個人競技では必須ではないため、以前は個人競技ではこの「跳躍」はあまり見られなかった。

2017年度全日本チャンピオン・永井直也が、非常に美しい開脚ジャンプや反り

ここがポイント！

現在、跳躍でもっとも難度が高いのは「反り身での跳躍（頭に足がつく）」でC難度になる。十分に反れる柔軟性が必要なうえ、着地での衝撃が大きく難易度の高い跳躍だ。

岩田楓（国士舘大学）

●さまざまな跳躍

高橋晴貴（国士舘大学）

永井直也（青森大学）

満仲進哉（青森大学）

山口聖士郎（国士舘大学）

高橋選手のジャンプは、いわゆるはさみ跳び、永井選手は、ちょっと珍しい横の鹿跳び、満仲選手は左右開脚ジャンプ。これらのジャンプは、それぞれの演技の中での大きな見せ場となっており、各選手のトレードマークにもなっていた。山口選手の跳躍は、難度にはならない「小さな跳躍（ホップ）」だが、男子新体操の演技には多く用いられる重要な跳躍だ。

　いずれの選手も、十分な開脚が見せられるだけの柔軟性があり、膝、つま先まで意識が行き届いた美しい脚のラインを見せている。スピードにのって一気に跳ぶ跳躍、あるいは重力を感じさせないようなふわりとした跳躍、選手の個性や曲調によって使い分けたい。

Men's RG Player12
畠山可夢（1993年生まれ）
国士舘大学卒
2011全日本ユース3位

ポイント 13 初心者最初の試練「柔軟」

高橋晴貴（国士舘大学）

　この10年の男子新体操でもっとも進化を遂げたのが、この「柔軟」という分野ではないかと思う。10年前は、高校総体でもまだ高校から始めた選手が多かったため、柔軟には苦労しているチームが少なくなかった。左右開脚をして前屈し、胸を床につけるお馴染みの徒手難度で、6人全員は床につかないことも珍しくなかったのだ。

　それが今や、強豪校ではなくてもたいていのチームが床にぺったりつくようになり、女子の専売特許かと思われていた腰の柔軟性を見せつける難度もこなすようになってきた。こうなってくると、次は「いかに美しく柔軟性を見せるか」の勝負になってくるだろう。開脚度や反り具合を競うのではなく、骨盤のずれがなく、膝が曲がったり、内股になったりしない美しさを競う時代が近い将来来るに違いない。

ここがポイント！

　「左右開脚＋前屈」もできて当たり前になってきている今の時代、開脚している脚の美しさをもっと意識するとよいだろう。つま先もゲタはいていなければOKではなく美しく伸びたつま先を見せつけてほしい。

国士舘大学2020団体

●柔軟性を高めるトレーニング

【補助をつけての前屈】

【つま先のばし】

NG!
指だけ丸めるのは NG !

【補助をつけての前後開脚】
NG!
膝曲がってる！
つま先伸びてない！
おへそが横向いてる〜！

【補助をつけ、バーを使っての開脚】
NG!
脚が汚い！
体の向き！

【補助つきの肩柔軟】

森多悠愛（北海道恵庭南高校）

脚が高く上がる、開脚で床にぺたりとつく、など柔軟性の進歩はわかりやすい。それゆえに成果を急いでしまうと、上の NG 例のようなトレーニングが日常的になってしまいがちだ。たとえ人より遅れていても、ごまかしなくトレーニングを続けていれば、必ず成果が出るのが柔軟だ。人と競わず、成果を急がず地道に向上していきたい。

Men's RG Player⑬
平野泰新（1994年生まれ）
花園大学
2011全国高校総体2位

35

ポイント 14

男子新体操特有の動き 「のび・ため・ふくみ」

花園大学 2020 団体

この章では、ここまで「徒手」を取り上げてきた。バランスや跳躍のように徒手難度としてA〜C難度になっているものもあれば、胸後反や斜前屈のように難度ではないのだが、「各種徒手」として団体演技にも個人演技にも入れることが要求されているものだ。

しかし、男子新体操の演技の中には、そのどちらでもないがよく見られる動きがある。それが「のび」「ため」「ふくみ」と言われるものだ。これらは演技のつなぎ目を自然にするために使われると同時に、表現の手段にもなっている。そして、これが地味に名脇役として男子新体操の演技を彩ってくれている。「ため」や「ふくみ」があるから「のび」が際立ち、光を放つのだ。

ここがポイント！

「のび」は男子新体操の選手ならばたいていは美しい。が「ふくみ」は、一歩間違えれば猫背にも見えてしまう。しかし、それを演技の流れの中で意味ありげに見せることができるか、が選手の力量の見せどころだ。

田中啓介（国士舘大学）

山口聖士郎（国士舘大学）

森谷祐夢（国士舘大学）

埼玉栄高校2014団体

森谷祐夢（国士舘大学）

埼玉栄高校2014団体

　上の写真は、2019年度高校総体チャンピオン・森谷祐夢選手だが、表現力に定評のある森谷選手だとこの微妙なふくみの姿勢も美しく見えるからさすがだ。そしてこのあとに「のび」を見せれば小柄な森谷選手もそののびやかさで大きく見える。埼玉栄高校の団体の2点の写真は体を低くした場面と上に伸びた場面を並べてみた。同じチームでもこれだけ違って見せることができれば演技には緩急がつく。そんな工夫が男子新体操を面白くしてくれるのだ。

北海道恵庭南高校2015 団体

Men's RG Player14
佐能諒一（1994年生まれ）
国士舘大学在学中
2013全日本学生選手権優勝

37

体操で魅せた! 名選手列伝

　男子新体操の選手たちのほとんどは「美しい体操」を目指している。だから、どの演技も見る者の胸をうつのだが、そんな中でもとりわけ「体操」にこだわり、それが個性になっているタイプの選手たちの美しさは格別だ。そんな選手たちの中でもとりわけ"きれいな体操をしていたな"と記憶に残る選手がいる。

椎野健人（青森大学）

　たとえば椎野健人。個人選手としては大学スタートの遅咲きで、2011年に学生最後の年を迎えた選手だ。この頃は柔軟性に秀でた選手は今ほどいなかった。そんな時代に、「理想形」とも言うべき美しい胸後反を見せてくれたのがこの選手だった。胸後反だけでなく、すべての徒手に研ぎ澄まされた美しさと清潔感があった。

　どの徒手を見ても形が最高級に美しく、そこに絶妙な曲線を加えて見せることができたのが山口聖士郎。小柄な選手だったが動けば誰よりも大きく見えたし、男子選手としては特筆ものの美しいつま先も見せてくれた。

　山口の高校（光明相模原高校）での後輩にあたる竹内陸も胸の張り、かかとの高

竹内陸（花園大学）

さ、伸びたつま先など非常に美しい体操を見せる選手だった。現在は、母校である花園大学で監督を務め、後進たちにもその美しい体操を継承している。

　3人とも個人選手として全日本の表彰台にあがったことはない。言ってみれば記録には残っていない選手だが、今でも記憶には鮮明に残っている。試合でノーミスの演技をして、輝かしい実績を残すことはなかったとしても、「美しい体操」を貫ける選手にはそれだけの価値があるのだ。

Part 3

男子新体操一番の魅力！
「タンブリング」徹底研究

スピード感にあふれ、ダイナミック！
それでいて団体でのシンクロっぷりは
ため息モノの美しさ。
男子新体操のタンブリングは
観客をワクワクドキドキさせてくれる。
その魅力を堪能しよう！

安藤梨友（青森大学）
2020全日本チャンピオン

ポイント 15

これが基本！「ロンダード⇒バク転」

青森大学 2018 団体

「ロンバク」と略して呼ばれることも多い「ロンダード＋バク転」は、タンブリングの基本中の基本だ。ロンダードは一見、学校体育でも行う「側転」と同じように見えるが、手のつき方が違う。そのため、転回して床に足がつくときは、進行方向に向かって後ろ向きになり左右の足が揃うので、転回してきた勢いを生かしてバク転につなげることができるのだ。

男子新体操のバク転は、体操競技のバク転とは異なる特徴を持っている。体操競技よりも「見せる」要素が強いため空中姿勢の見映えを求めてきた結果、男子新体操のバク転は、反り気味なのだ。だが、スプリングマット導入以降、男子新体操のタンブリングもかなり高度化してきている。将来的に、より高度なタンブリングを習得していくことを目指すのならば、反り気味のバク転よりも、体操競技で言うところの「シラカバの姿勢（真っすぐな姿勢）」のほうが理にかなっている。

ここがポイント！

バク転はダンサーやタレントでもできる人はいるが、新体操経験者のバク転はやはり美しさが違う。その美しさゆえに最近は、チアでも男子新体操経験者がアクロバット要員として重宝されているのだ。

青森山田高校 2017 団体

●ロンダード⇒バク転のポイント

【ロンダードの手のつき方】

NG!

体が反りすぎている！ 床に手をつきにいくのではなく、しっかり踏み切ってできるだけ遠くに着手しよう！

① 体を上に引き上げ、ロンダードに入る。

② 転回中の膝、つま先も意識して美しく。

③ ロンダードの着地時には、身体を伸ばした状態で重心が後方にくるように意識しよう。ロンダードからバク転に入るときは、できるだけ高い姿勢のまま体を反らせすぎないこと。ロンダードの勢いを殺さずそのままそのまま後ろに倒れるように、遠くに着手することを心がけよう。

④ 転回中は美しい姿勢を見せよう。

⑤ 床に手がついても下肢をしっかり意識して最後まで美しく。

⑥ 最後は止めるのではなく、ポーンと上に跳ねる練習しよう。これが、連続の転回技にもつながっていく。

　初心者のうちは「ロンダード」と「バク転」をつなげて行うことが難しいと感じるかもしれないが、じつはロンダードはバク転をサポートしてくれている。ロンダードがうまくなれば、その勢いを使ってバク転もよくなるので、「ロンダード＋バク転」は、自信をもってできるようになるまで練習しよう。すべての転回技は、ここから発展していくのだ。

Men's RG Player⑮
臼井優華（1994年生まれ）
大垣共立銀行OKB体操クラブ
2016全日本選手権優勝

41

ひねり技につながる基本「後方転回系の技」

国士舘大学 2018 団体

ターしよう。

ポイントはなんと言っても空中姿勢の美しさ。膝割れ、膝曲がりなどなく、空中でもしっかり体を引き締めながら伸びやかに跳べるように意識しよう。

この技も、体操競技とは違って、男子新体操ではより胸を反らす傾向があるが、見た目の美しさを追求するならそれもアリだろう。

団体演技で見られる「3バック＋スワン」は、文句なしに盛り上がり、文句なしに美しい、いわば鉄板のタンブリングだ。

男子新体操を始めたら誰もが「いつかはできるようになりたい」とあこがれるこの技の入口になるのが、単独での「後方伸身宙返り」だ。まずはこの技をしっかりマス個人なら反り具合も個性と言えるが、団体ではチームによって空中姿勢までしっかり揃えるようにしたい。

ここがポイント！

「3バック＋スワン」は常勝軍団だった頃の国士舘大のトレードマークだった。現王者の青森大は、それを上回るべく3バックの2回目と3回目の間にテンポ宙返りを入れ、これが青森大の十八番となっている。

青森大学 2018 団体

●後方伸身宙返り(スワン)のポイント

【男子新体操らしいスワンの姿勢】
③と比べてみよう！

【空中ではこの姿勢を意識しよう!】

水戸舜也（国士舘大学）

① ロンダードの勢いを殺さずに踏み切る。
② 高さを出すことを意識して跳び上がる。
③ 空中で転回しながら着地点を確認する。
④ しっかり床を見ながら着地に入る。
⑤ 膝を使って柔らかく着地する。

　団体の3バック＋スワンだけでなく、後方伸身宙返りは個人演技にもよく使われている。得意な選手は片方の膝を曲げて変化をつけた跳び方をしたり、華やかさが出しやすいのだ。ひねり技よりは転回中の手具操作もやりやすいので、個人演技でも工夫次第で使い勝手のよい技だ。

交差など団体演技に必須！「前方転回系の技」

国士舘ジュニアRG2017 団体

転回技を使うことが多く、個人演技の場合は、「前方・後方・側方」すべての転回を入れなければならない。前方系には苦手意識をもつ選手も多いが、それならもっとも取り組み易い「伸身前跳び前転（とびこみ前転）」（A難度）と「前方宙返り」（B難度）をしっかりマスターしよう。「伸身前跳び前転」は滞空時間が長く、空中姿勢が美しければ難度以上に見映えがいい。「前方宙返り」も団体で6人、高さまで揃えて実施できれば同時性をアピールできる。ベーシックな技を正確に美しく実施できることは大切なことだ。

　一般的に前方系の転回技は、後方系に比べて床が見えるのが遅くなるため、着地がとりにくい。そのため、とくにタンブリングが強い選手でなければ、男子新体操では前方系の高度な技はあまり取り入れないようだ。

　それでも、団体演技の交差では前方系の

ここがポイント！

　井原高校の団体演技は見どころ満載だが、中でも「とびこみ前転」の美しさには息を飲む。「誰でもできることを誰よりも美しく行う」井原ならではの美への信念がこんなところからも感じられる。

三桜電気工業 2018 団体

●伸身前跳び前転のポイント

【背中が十分に丸まっていない!】

NG!

① 助走の勢いを殺さず両足でしっかり踏み切る。
② 体は真っすぐに高く遠くに跳ぶ。
③ 床に手をつくと同時に顎を引き頭を入れる。
④ 背中を丸めて床上で回る。
　NG例のように背中が丸まっていないとスムーズに回れず、回りきれないうちに下肢が床に落ち、減点対象になってしまう。

●前方宙返り

① 助走から両足で思い切り踏み切り、上体を丸める。
② ももの裏や膝あたりで両脚を抱え込んで回る。
③ 膝を使って柔らかく着地する。
　前方宙返り（前宙）は思い切りよく跳び上がることと空中で素早く体を丸め、一気に転回することを心がけよう。なるべく高い位置で転回し終えれば着地にも余裕が出て、ひねりなど次の段階に進めるようになる。

Men's RG Player⑰
五十川航汰 (1995年生まれ)
中京大学
2013全国高校総体3位

45

ハッ！とさせるアクセントに「側方転回系の技」

川東拓斗（国士舘大学）

後方系、前方系に対して側方系の転回というのはあまり聞かない。採点規則の難度表を見ても、他の種類の転回系に比べて極端に数が少ない。

しかし、個人演技には「前方・後方・側方の転回系をすべて入れなければならない」と採点規則にはある。側方系の転回技の代表格といえば「アラビア宙返り」そして「側宙」だが、それほどやっている人は多くない気がするが、みんな「側方系転回」は何を入れているんだろう？ と疑問に思ったが、じつは「側方倒立回転1/4ひねり」つまり「ロンダード」（A難度）が側方系転回にあたるのだった。それなら入れてない選手を探すほうが難しいくらい誰もがやっている。逆に言えば、ロンダードで側方系転回の1回を満たしてしまうから、他の側方系をやる選手が少ないのかもしれない。

●側方宙返り

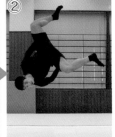

ここがポイント！

やる選手が少ないからこそ、ロンダード以外の側方系転回は案外インパクトがある。とくに個人演技だと手具操作との組み合わせ方によっては演技のアクセントにもなるので挑戦してみてもいいだろう。

●アラビア宙返りのポイント

① 助走から両腕を振り上げ、体を引き上げる。
② 体を横にしながら左足で踏み切り右脚を振り上げる。
③ 開脚した状態を保ちながら側方に転回する。
④ 空中姿勢は美しく、膝、つま先を意識しながら回る。
⑤ 右足から着地し上体を素早く起こす。
⑥ 回り終えたらフィニッシュ。

　演技中の側宙は一瞬のように見えるが、だからと言って慌ただしく終わらせるのではなく転回中に美しい開脚姿勢を見せられるようにしたい。ロンダード以外の側方系の技をマスターし、演技に入れられるようになれば、作品に面白味を加えることもできるだろう。
　また、アラビア宙返りは、手を床につかないので、手具操作をしながら行う転回系の技としても使い勝手がいい。自信をもって実施できるように練習したい。

福永将司（国士舘大学）

Men's RG Player⑧
吉村翔太（1995年生まれ）
国士舘大学卒
2019全日本社会人2位

47

ワンランクアップを目指すなら「ひねり技」

福士祐介（大垣共立銀行OKB体操クラブ）

体操競技の白井健三選手でおなじみの「ひねり」だが、白井選手のような伸身姿勢でのひねり技の代表格が男子新体操では「きりもみ」と呼ばれる「伸身前とび1回ひねり前転」だ。これは団体の交差でよく使われる技で、ときには個人演技にも入れる選手もいる。とても男子新体操らしい魅力的な技だが、頭から着地するためリスクが高いことからルール改正により現在はロンダードから続けて行うことは禁止されている。

演技に使われる頻度が圧倒的に高いのは、かかえ込みの「後方宙返りひねり」だ。これができるようになると、演技の幅も広がり、難度も上げていくことができる。後方宙返りは1回ひねりだとC難度（団体で6名実施ならD難度）、2回ひねり、2回半ひねりならD難度と発展性のある転回技なので、段階を踏みながら挑戦してみよう。

ここがポイント！

ひねり技は、伸身姿勢よりかかえ込みのほうがやり易いと言われるが、それはかかえ込み姿勢を素早く作れてこそだ。マットを使ったタンブリングの練習だけでなく、体をキュッと丸めるトレーニングをしよう。

青森山田高校 2017 団体

●前宙ハーフのポイント

① 助走から両足で踏み切る。
② 跳び上がりながら半分ひねる。
③ しっかり着地点を見ながらおりる。
　ひねり技で一番最初に習得するのが、この「前宙

ハーフ」（B 難度）だ。まだ1回はひねらず1/2ひ
ねるので着地したとき助走を始めた方向に体が向い
ている。前方系の転回ではあるが跳び上がる瞬間か
らひねり始めるので着地は比較的とりやすい。

●後方伸身ひねりのポイント

① ロンダードから両足で踏み切り、跳び上がる瞬間肩を左
に引いてひねり始める。
② 転回し始める前に1/2ひねり終えるくらいのタイミング
で。
③ 着地点をしっかり見ながら着地する。
　「後方伸身ひねり」は、B 難度だが、団体で6名実施すれ
ば C 難度にランクアップする。「後方宙返り」も同じ B 難
度だが、こちらは6名実施でもランクアップはなしだ。団体
で使えばちょっとおいしい技なので、ある程度キャリアを積
んできたら団体メンバー全員でできるようになることを目指
したい。

仙台大学 2019 団体

Men's RG Player ⑤
永井直也（1995年生まれ）
青森大学卒
2017全日本選手権優勝

演技のクライマックスを彩る「連続技」

ポイント
20

国士舘大学 2017 団体

団体演技でも個人演技でも、連続で行われるタンブリングはまるで打ち上げ花火のようで迫力満点だ。本来リスキーなことのはずなのに、タンブリングの強い選手はまったく危なげなく、連続タンブリングも決めてくる。その様子は見ていてスカッとする。

しかし、ときには実力以上の連続タンブリングに果敢に挑戦している選手も見かける。チャレンジ精神があるのはいいことだが、見ていてちょっと怖くなってしまうことがある。

無理にタンブリングを繋げると、後半では高さも出ず乱れがちだ。着地でのミスも起きやすく、最悪背落ち、しりもちなど大きな減点につながってしまっては、連続技に挑戦した甲斐もなくなってしまう。実施点や印象がマイナスにならないように、無理なく実施できる組み合わせから連続技には挑戦していこう。

ここがポイント！

連続技の最後に「切り返し」をつける選手も多いが、アキレス腱断裂の原因になることも多く、「切り返し」は体操競技ではすでに禁止されている危険な技だ。やるとしても、1演技に1回に抑えたい。

青森山田高校 2017 団体

●前宙＋前宙のポイント

① 助走の勢いを生かし、両足で踏み切る。
② 膝の裏をかかえ込み素早く体を丸める。
③ 着地がそのまま次の踏み切りになるように。
④ 膝の裏をかかえ込み、素早く回る。
⑤ 膝を使って柔らかく着地する。

●ロンダード＋後方ひねり＋前宙のポイント

① 助走からロンダードに入る。
② 後方宙返りしながら1/2ひねる。
③ 着地がそのまま次の踏み切りになるように。
④ 体をかかえ込み、前方宙返りを行う。
⑤ 柔らかく膝を使って着地する。

NG!

次に繋げられない着地

無理な連続技はこうなりがち！

Men's RG Player⑳
佐久本歩夢（1996年生まれ）
青森大学卒
2018全日本学生選手権2位

51

みんなが憧れた! スーパータンブラー列伝

男子新体操の団体の第一タンブリングで最後に跳ぶ選手はたいていそのチームで一番タンブリングが強い。先に跳んだ5人もそれなりに強かったとしても、最後の一人は「別格」のタンブリングを見せてくれるものだ。

Tik Tokで大人気の佐藤三兄弟の長男・綾人もタンブリングが強かった。次男の颯人もだが、2人とも高校生のころから3回ひねりをやってのけた。スプリングマットのない練習環境にもかかわらず、だ。そのポテンシャルには恐れ入るしかない。

臼井優華、安藤梨友ら岐阜育ちの選手たちもタンブリングは強い。おまけに彼らは複雑な手具操作も同時に行うのだ! 社会人選手

佐藤綾人（青森大学）

として息長く活動している田邉浩仁も「魔人」と呼ばれるほど強い。切り返しであれほど高く跳ぶ選手はそうそういるものじゃない。神埼清明高校もタンブリングの鬼を量産している。松本健太、石橋知也らのスピードと高さはもはや男子新体操の枠を超えている。

現在は社会人選手として活動している斉藤嵩は、埼玉栄⇒国士舘と男子新体操の王道を歩み、団体選手として活躍してきたが、社会人になってもまだタンブリングに関しては進化し続けている。2020年の社会人大会では、ずっと挑戦し続けてきたドッペルを完璧に決めて男泣きしていた斉藤。おそらく彼の目指すところはまだずっと先にある。まさに「スーパタンブラー」と呼びたくなる選手だ。

斉藤 嵩（国士舘大学）

Part 4

男子新体操の花形・団体競技の魅力

「男子新体操」というと
たいていの人が思い浮かべるのは「団体競技」だ。
6人が一糸乱れぬシンクロぶりを見せたり、
超人的なアクロバットを行う
団体競技は、やはり男子新体操の「花形」なのだ。

青森大学2019団体
2003〜全日本学生選手権連覇中

「団体競技」の ルールと魅力

ポイント **21**

花園大学 2019 団体

る。ベーシックなことしかまだできないチームと、高難度な技をこなすチームの差は、この「難度の数やレベル」に如実に出る。

しかし、残る「多様性」には、隊形の多様性や空間使用の多様性、ダイナミズムがあたり、「音楽と動きの関係」「独創性」に関しては、どうすれば得点が上がるのかが明確ではない。

これが団体の難しいところだ。だからこそ、「3分間ほとんど動きを止めず走り回るような演技をし、運動量の豊富さやエネルギーをアピール」したとしても、その構成に実施が追いついていなければ、「バタバタしていて体操の良さが十分に見えなかっ

団体のルール（⇒ポイント2参照）を読み解いていくと、構成には「技術的価値」「多様性」「音楽と動きの関係」「独創性」という4つの柱があることがわかる。この中の「技術的価値」には「各種要求要素」「難度の数とレベル」「難度要素」「各種要素の組み合わせ価値」の4つがあり、つまりその演技の難しさがここに反映されると言え

ここがポイント！

団体ではときに非情なまでの僅差の勝負がある。2018年全日本学生選手権の青森大と国士舘大の団体総合（予選得点1/2＋決勝得点）は0.262差だった。1つの小さなミスでメダルの色は変わる。

国士舘大学 2019 団体

た」と評価されてしまう場合もある。仮に同じ演技内容であっても実施力の差で構成の評価さえも簡単にひっくり返りかねないのだ。

だが、この曖昧さが男子新体操の団体をより魅力的にしている面もある。「技術的価値」が同等の場合は、見る人の気持ちをどれだけ動かせる演技だったかが評価にも影響するからだ。それは芸術スポーツとしてはあるべき姿と言えるだろう。青森大学を「団体王者」に育て上げた中田吉光氏（青森大学前監督）は、「団体の構成は、次はこうくるだろうという見る側の予想を裏切るのが面白い。それをうまくできた演技は見る人の心を動かす。」と言う。

全日本選手権でトップレベルのチームでの良い実施の応酬になると、「甲乙つけがたい」勝負になる。あるチームは、重厚な体操でどこまでも盤石でたくましい演技を見せつけ、ライバルチームは、息をのむほどの美しさで彼らの動きひとつで空気まで動くような繊細な演技を見せる。とてもじゃないが、どちらかを選ぶことなんて無理！　と審判に同情したくもなる。

科学技術高校 2018 団体

青森山田高校 2017 団体

そんな拮抗した戦いに決着をつけるのは、実施だ。どんなに胸をうつ演技だったとしても着地で一歩移動すれば0.1、背中から落ちれば0.3の減点になる。倒立で肘が大きく曲がれば0.1の減点、バランスでふらつけば0.1の減点だ。これをしっかりカウントしていけば一見互角に見えた演技にもじつは差があったとわかる。そして、それはさらなる成長のための課題となるのだ。

明学園相模原高校 2014 団体

Men's RG Player21
福永将司(1996生まれ)
国士舘大学卒業
2018全日本選手権優勝

55

団体の評価は、「徒手」で決まる!

ポイント **22**

国士舘大学 2017 団体

跳躍、3群:柔軟(2秒静止)、4群:バランス(2秒静止)、5群:倒立(2秒静止)という5つの群がある。演技には、1〜5すべてを最低一つは入れなければならない。これらの徒手要素の中で「難度」として認められているものは、6人で実施すれば、難度が1つ上がる。(もとがB難度なら6名実施でC難度になる)

団体演技に入れることが要求されている「徒手系要素」には、**1群:各種徒手、2群:**

1 各種徒手

「上肢・下肢の回旋・屈伸」「体の前屈・後屈・側屈・回旋・弾性運動」「腕の振動」「胸の後反」など様々な複合運動。これらは難度としてカウントされることはないが、チーム、選手の力量の差はここでわかると言われている。(⇒2章参照)

ファンにはおなじみの「胸後反」「斜前屈」「上下肢

運動」などは、すべてこの1群にあたる。これらいわゆる「基本徒手」と言われるものは、「男子新体操ではもっとも大切」と言われているが、なぜか難度としてカウントされない。難度表にも載っていないというのは驚きだが、それでもこれらの動きが「団体競技の肝」であることは間違いない。

ここがポイント!

徒手系要求要素1〜5群の1つが演技に入っていない場合は、1.0の減点となる。構成としては入っていても実施しない選手が1名いれば0.2の減点(×人数分の減点)となる。

井原ジュニア新体操クラブ 2020 団体

2 跳躍（⇒ポイント12参照）

　「鹿跳び」「前後開脚跳び」「左右開脚跳び」などを指すが、時代によって流行り廃りがあり、近年は、「前後開脚交叉跳び」や「バタフライ」「反り身の跳躍」などが多い。「反り身の跳躍」は、6名で実施すればD難度になるため、柔軟性に勝るジュニアチームなどによく見られる。また、いわゆる「フルターン」も、個人選手では入れている選手が増えてきている。これは2回転以上の6名実施でC難度となる。

国士舘大学 2012 団体

3 柔軟（⇒ポイント13参照）

神埼ジュニア新体操クラブ 2021 団体

　柔軟といえば、9割以上のチームが「左右開脚座での前屈」を行っていたが、ここ数年、男子選手の柔軟性が向上してきたため、様々な柔軟が見られるようになってきた。しかし男子は現在のように腰の柔軟性を求めた歴史が浅い。タンブリング＋腰の柔軟による身体への負荷がどれほどのものかは未知数だ。選手の身体への負荷に細心の注意をはらうことが必要だ。

4 バランス（⇒ポイント11参照）

　バランスも長い間、ほとんどのチームが「正面水平立ち」を行っていた。それも上げた脚が90度上がっていれば十分という時代も長かったが、今は180度以上の開脚を見せるバランスに挑戦するチームも出てきている。今はまだ以前は男子では見られなかった開脚度は高く評価されているが、今後、実施減点が厳しくなってきたときにどう変化していくのか注目したい。

仙台大学 2019 団体

5 倒立（⇒ポイント10参照）

神埼清明高校 2013 団体

　男子新体操の代名詞とも言える「鹿倒立」（6名実施でB難度）が代表的だが、体操競技でよく見る「十字倒立」や「伸腕屈身力倒立」なども難度表には載っており6名実施でD難度と鹿倒立よりも難度が高い。しかしこれらの倒立は鹿倒立に比べると流れが止まりやすく男子新体操の団体演技には入れにくいようだ。

Men's RG Player 22
川東拓斗（1997生まれ）
国士舘大学卒
2019全日本選手権優勝

団体ならではの迫力「タンブリング」

国士舘大学 2019 団体

団体演技を見ているとあまりの迫力に何回もタンブリングをしているように見えるが、じつはルールで転回系は4回と決められている。さらに1回は「全員が同時にスタートするもの」、もう1回は「全員が2段に分けてスタートするもの」と決まっている。残る2回で、できる力量のあるチーム

ならたいてい「交差技」を入れ、組み技を入れる場合は、組み技も転回系に数えられるのでそれでもう4回になってしまう。

となると上位チームは1回のタンブリングでよりレベルの高いものを入れようということになる。転回系の難度は最高難度でも6名実施でD難度なので、「3回以上の連続後転とびから後方伸身宙返り（3バック＋スワン）＝D難度」などはできるチームはほぼ確実に入れてくる。また宙返りは連続で行うとB難度＋B難度＝C難度（6名実施でD難度）となるものもある。

ここがポイント！

演技には転回系を4回入れること、また「同時スタート」「シリーズ」は1回ずつ入れることに、違反をした場合は、0.3の減点となる。入れられなかった場合だけでなく、入れすぎた場合も同様に減点される。

国士舘大学2018団体

1 同時スタート

国士舘ジュニアRG2017団体

同時スタートの代表格といえば「3バック＋スワン」だが、バク転を3回連続で行うのはじつはかなりハードルが高い。ジュニアやキャリアの浅い選手たちの団体であれば、助走してきて前方宙返り（B難度）などでも十分「同時スタートのタンブリング」として認められる。さらに幼い子ども達ならば、全員での飛び込み前転（A難度）などでもよいだろう。やみくもに高難度の技を求めるのではなくそのときの選手たちのレベルに合った技で美しい実施を行うようにしたい。

2 シリーズ

選手が2つあるいはそれ以上のグループに分かれてタンブリングを行う場合、3人×2組で違う種類のタンブリングならば高いほうの難度がそのシリーズの難度となる。3人がA難度、残りの3人がC難度であれば、シリーズの難度はCとなる。チーム内の力の差が大きい場合は、うまく組み合わせることでこのシリーズで点数を稼ぐことができる。また、グループの人数が違う場合は、もっとも人数の多いグループが実施したタンブリングの難度がシリーズの難度となる。

神埼ジュニア新体操クラブ 2021 団体

3 交差

青森大学2018団体

交差というと「タンブリングの上をタンブリングで飛び越える」という印象があるが、徒手系要素の上を飛び越えても交差技は成立する。その場合は、飛び越える転回系の難度が交差の難度となる。タンブリング同士での交差の場合は、それぞれの転回技の難度の組み合わせによって交差の難度が変わる。A難度＋B難度＝B難度、B難度＋B難度＝C難度など、うまく組み合わせれば、ワンランク上の得点を狙うこともできるが、交差はリスクの高い技なので無理はしないようにしよう。

Men's RG Player㉓
栗山 巧（1997年生まれ）
福岡大学
2012全日本ジュニア2位

59

ポイント24

団体競技究極の見せ場「組・組立運動」

Re:mix2017団体

　初めて男子新体操の団体演技を見た人は、おそらくこの「組み」に度肝を抜かれるだろう。現在は、ひと昔前に比べれば、人を3段に重ねるような極端に高い組み技は減ってきている。が、それでも土台を使って飛び出すようなジャンプや宙返りは、アリーナの観客席くらいの高さまで上がり、この高さからの着地の衝撃を想像するとい

かに彼らがリスクを負って演技をしているかがわかる。

　一言に「組み」と呼ぶことが多いこれらの技だが、本来は「組運動」「組立運動」の2種類がある。「組運動」には、とばし技、受け技、倒立、その他（支持者2名で1名の腕や体を持って宙返り、支持者2名で1名の腕を持って蹴上がり）に分類されている。

　「組立運動」は、2〜4名で行われ、支持者の数や座位・膝立か立位かで難度が変わり、支持者の数が少なく、立位のほうが高難度となっている。あっと驚く複雑な組み

ここがポイント！

　まるで必須のようにほとんどのチームが演技に入れている「組み」だが、ルール上は「組み」は転回系要素に含まれるため、要求されている4回の転回系を満たしていれば「組み」がなくても問題ない。

北海道恵庭南高校2016団体

も、分解していけばいくつかの「組運動」と「組立運動」の組み合わせでできている。

たとえば、定番の「肩上倒立＋飛び越し」は、「肩上倒立（支持者の肩を土台にしての倒立）」が「組運動（2名組肩上倒立）」でB難度となり、その上を飛び越えるのは「組運動（とばし技）」で大ジャンプならばA難度、宙返りならB難度となる。

埼玉栄高校 2014 団体

さらに「肩上倒立」の場合は、飛び越える際の技が跳躍系（開脚ジャンプなど）なら1ランク、宙返り系（前方宙返り）なら

科学技術高校 2018 団体

福岡大学 2019 団体

2ランク難度が上がるという特例がある。多くのチームが「肩上倒立の飛び越し」を演技に入れているのは、こういったうまみがあるから、と言えるだろう。

中山智浩氏（神埼清明高校監督）は、「選手にはそれぞれ強み、弱みがあるが、それをいかに最高の6人に見せるかが団体の勝負。中でも組みは、選手の個性を生かし演技の流れに自然に入れ込んでこそ見る人の心を動かせると思う。」と言う。

たしかに、近年は、「組み」のために動きが止まることに対する減点が厳しくなっており、「組み」は高さを競うのではなく、演技の流れの中でいかにスムーズに行うかがポイントになってきている。

Men's RG Player24
堀　孝輔（1998年生まれ）
同志社大学卒
2020全日本選手権2位

男子新体操を進化させた「多彩な表現」

ポイント 25

福岡大学 2013 団体

要素（要求要素）をすべて入れただけでは隙間ができる。そこに「表現」の入り込む余地があり、そこにこそ、各チームのこだわりがつまっている。

男子新体操の団体演技に観念的なテーマ（「希望」のようなもの）を設けているケースは少ない。

「美しい徒手」「迫力のタンブリング」「リスキーな組み」これだけでも、見どころ十分な団体演技だが、近年の演技は、そこに「表現」が加わり、観客の心をわしづかみにしている。

「表現」とはなにか、と言われても定義はない。定義はないが、3分間という演技時間の中に、入れることが求められている

この演技でなにを見せたいのか？　と問うと「一体感」や「緩急」「豊富な運動量」などという答えが返ってくることが多いのだ。

稀に演技にストーリー性をもたせたり、使用曲のテーマをしっかり反映させた演技

ここがポイント！

アイソレーションというトレーニング法を取り入れるチームが多くなり、男子新体操は変質した。それ以前は直線的な動きがほとんどだったが、曲線的な動きが取り入れられ、表現の幅が飛躍的に広がったのだ。

国士舘大学2016団体

もあるが、こういう演技の場合は、「表現」が際立つ。動きが工夫されているだけでなく、選手たちの表情からも情感が伝わってくる。

テーマはとくに設けていない演技であっても、自分たちの演技の良さ、そのチームのもっている個性などをアピールするため、また曲の雰囲気を表現するために選手たちは様々な工夫をする。左右開脚をして上体をペタリと床につける「柔軟」、これひとつとってもただ前に体を倒すのではなく顔の向き、倒れ方、スピード、さらには

神埼清明高校 2015 団体

青森山田高校 2012 団体

指先の動きまでも使って「なにか」を伝えようとするのだ。その工夫があれば、どのチームもやっているバランスも倒立も、そ

のチーム独特のものになり、観客や審判の印象にも残るのだ。

団体競技を「表現」の面で牽引してきたのは、間違いなく青森山田高校だった。もともと強豪校ではあったが、2007年あたりからそれまでの「ザ・体操」だった男子新体操にダンス的な要素を持ち込んだのだ。トレーニングにアイソレーションを取り入れたり、ときには著名ダンサーに振付を依頼したり、ユニフォームをパンタロン型にするなどの革命を起こした。地力のある青森山田のこれらの挑戦は、どれも斬新でスタイリッシュに映り、多くの選手、チームがあこがれ、その影響を受けた。

ここ10年は、ダンス的な動きを取り入れた演技も増えてきた。これらの動きは直接得点に結びつくわけではないが、人の心を動かす。大会の勝敗には反映しなかったとしても、男子新体操のもつ魅力を知らしめるための、大きな力となっている。

井原高校2020団体

Men's RG Player⑳
城市拓人（1998年生まれ）
青森大学卒
2019全日本学生選手権2位

語り継がれる伝説の団体演技

　3分間という団体の演技時間は短いようで長い。個人の90秒に比べるとその長さの分、じっくりと演者が見せたいものを見せられるように思う。だからだろうか、男子新体操の団体には「語り継がれる名作」が数多く存在する。

　おそらく一番有名な名作は、2009年全日本選手権で演じられた

花園大学2013団体

青森大学の「BLUE」だろう。この年、亡くなった青森大学男子新体操部の一期生だった先輩への追悼の思いを込めた演技には、祈りのような空気で会場を支配する力があった。2011年、東日本大震災の3か月後、西日本学生選手権で福岡大学が演じた「ホタル」も、童謡「ホタル」の曲を使い、未曾有の被害を出した震災で傷ついた人達の心を癒したいという思いが染み入るように伝わってくる作品だった。

　2013年の全日本選手権では花園大学の団体が初優勝を成し遂げたが、この時の演技には、曲を聴けばすぐに動きが浮かぶほどのインパクトがあった。いつか必ず勝つ！　と目の色が変わっていたあの頃の選手たちの熱が、そのまま演技のエネルギーになってるようだった。2015年の全日本学生選手権での国士舘大学の団体の使用曲は「Counting Stars」。男子の団体ではあまり使われたことのないようなポップでおしゃれな選曲で、青森大に大きく離されていた感のあった国士舘が逆襲ののろしをあげた作品だった。この作品は、非常に人気を博し、この年以降に国士舘へ進学した選手に話を聞くと、高い確率で「2015年の演技にあこがれて」という答えが返ってくる。2013年の花園大のときもそうだった。

国士舘大学2015団体

　勝てるかどうかだけで人は進学先を選ばない。語り継がれる名作は、最強のスカウトマンだと言えるかもしれない。

Part 5

「観るスポーツ」の魅力満載！個人競技の世界

なにかと注目されがちな団体競技に比べると
ややマイナーな印象な個人競技だが、
じつはフィギュアスケートにも劣らない面白さに溢れているのだ。
そして、なんと言っても選手たちの「俺を見てくれ！」オーラが凄い！
一度見れば、きっとその沼にはまること間違いなしだ。

永井直也（青森大学）
2017全日本チャンピオン

投げる・ころがす・回す スティックの基本操作

ポイント
26

岩渕緒久斗（青森大学）

ここがポイント！

スティックの上達のカギは「回し」にあり。とにかく回す、手首に近いところで回す、左右均等に回すなど。その練習をどれだけ積み重ねられるかに上達できるかどうかはかかっている。

以前は、団体に比べると認知度が低かった個人競技だが、このところ衣装が華やかになったことや、演技が高度化してきたことなどからじわじわと人気上昇中だ。とはいえ、「男子新体操に個人もあるの？」という人も世の中にはまだ多い。この章では、個人競技の魅力や難しさ、やっている選手たちにはどんな練習をすればうまくなれるのか、などを2013〜2014年の全日本チャンピオンで現在は青森大学の監督を務める斉藤剛大氏に教えてもらうことにしよう。

現役時代は「手具の名手」として名高かった斉藤氏にまずはスティックという手具の特徴をきいてみると、「棒状で長い手具なので、他の手具以上に手具が手の延長上にあることを意識すること。体の動きは見えやすい手具なので、手具は動きの邪魔にならないように体の動きが生かせるような操作を心がけるとよいと思います」という答えが返ってきた。

だからこそ、体の欠点は修正していかないとスティックでの高評価は得にくい。「現役時代の私は、手具を動かし続けることで動きの欠点に目がいかないような演技をしていましたが、今はそうはいきません」と斉藤氏は言う。

1 投げ

① 【左投げ】

② 【左受け】

① 【右での背面投げ】

② 【右受け】

2 ころがし

【脚の上をころがす】

　スティックは、比較的取り組み易い手具でジュニア選手が最初に演技をするのはスティックのことも多い。しかし、じつはスティックには他の手具よりも大変な面がある。演技中に必ず入れなければならない「手具操作の要求要素」（⇒ポイント3参照）に「右投げ右受け」「左投げ左受け」が1回ずつ入っているのだ。他の手具でも「投げ」は要求されているが「受け」まで要求されているのはスティックだけだ。

3 プロペラ回旋

バトンのように回しながら右手⇒左手と持ち替える。

　右利きならば、「左投げ左受け」は最低限の1回しか入れないだろうが、それでもしも落下してしまうと、要求要素を満たしていないとして構成上0.3の減点になってしまうのだ。どの手具でも落下は実施で最低でも0.3は減点されるが、スティックはさらに要素不足での0.3が引かれやすいというリスキーな種目なのだ。それを知ってからスティックの演技を見ると、今まで以上にハラハラドキドキしてしまうに違いない。

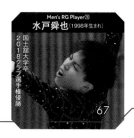

Men's RG Player⑳
水戸舜也（1998年生まれ）
国士舘大学卒
2018クラブ選手権優勝

ポイント 27 しっとり系の名作そろい！スティックの演技

佐藤嘉人（青森大学）

ティックは細い手具なので、体がよく見える。それだけに動きが得意な選手にとっては、気合いの入る種目なんだろうと思う。動きが見えやすいため、感情を込めた表現もしやすいのか、スティックには名作演技が多いという印象がある。

2020年だけでも、全日本チャンピオンの安藤梨友はスティックでオペラの名曲「誰も寝てはならぬ」を使用。城市拓人は、情感たっぷりの「ニューシネマパラダイス」、さかのぼれば細羽勇貴の「花」や、弓田速未の「Part of Your World」、廣庭捷平の「チムチムチェリー」、植野慎介の「ファーストラブ」など。どれも観客を熱狂させる力をもった作品だった。

現在は指導者として新体操に関わる斉

個人総合の大会では、スティックは1種目目にくることの多い種目で、どの大会でも「スティックは素晴らしかった！」という選手が案外多いように思う。1種目目は緊張感はあるものの、まだいいイメージだけを持って演技できる状況だからだろうか。

また、斉藤氏も指摘していたように、ス

ここがポイント！

衝撃的だったのは永井直也の「化粧」だ。大学生のときのこの作品は、競技としての必要要素を満たしてはいたのだろうがそうは見えず、舞踏作品のような印象だった。彼の体あってこそ成立した作品と言える。

弓田速未（国士舘大学）

藤氏は、「技術的なことで言えば、スティックを体から一番遠いところを通せる演技が理想だと思います。長い手具なので、美しい軌跡を描くような操作をして、見ている人に残像が残るような、そんな演技ができるような選手を育てたいです。」という。スティックに心に沁みる演技が多いのは、しっとり系の泣ける選曲が多いせいもあるが、スティックの描く軌跡が雄弁になにかを表現しているから、なのかもしれない。

現在、青森山田高校の監督を務める柴田翔平氏も、非常に手具操作には長けた選手だったが、以前、どうやって練習したのかを聞いたときスティックに関しては新聞紙を丸めて似た長さの硬くない棒を作ってしきりに練習していたと教えてくれた。ス

ティックは長い手具だけに馴染んでいる選手とぎこちない選手の差が見えやすい手具でもある。子どものころは新聞紙の棒でもいいから、家の中でもなるべく触っては回し、スティックが自分の体の一部のように感じられるようにしたい。

そこまでの一体感が持てるようになった選手が感情を込めて演じるスティックの演技なら、観客の心を動かすこと間違いなしだ。

福士祐介
（大垣共立銀行OKB体操クラブ）

細羽勇貴（花園大学）

佐能諒一（国士舘大学）

畠山可夢（国士舘大学）

Men's RG Player 27
満仲進哉（1998年生まれ）
青森大学卒
2020全日本選手権3位

2本あるから面白い！リングの基本操作

ポイント 28

川東拓斗（国士舘大学）

ここがポイント！

リングの上達法も「とにかく回すこと」、リングは2つあるので両手に持って、腕を肩幅に保ちながら様々な回し方に挑戦してみよう。2つあること、円状であることで使い方の工夫の余地が大きい手具だ。

「リングはけっこう重いんですが、それをいかに自然に動かして見せられるか、というところが巧拙の差だと思います。そして、演技中なるべくならずっと、正面から見たときにリングの面が見えるように操作できると、見ていて気持ちのいい演技になると思います。」と言う斉藤氏の言葉を聞いて、2018年の全日本チャンピオン・福永将司の演技を思い出した。とにかくミスが少なく正確性の高い演技をする選手だったが、リングのときにはことさらにその手具操作の巧さを感じていた。それはおそらく彼がリングの面にとことんこだわった演技をしていたからだったのではないか。

どの手具でも共通しているが、投げを安定させるためには、投げる前の振りを安定させる必要がある。リングの場合は重さがあるので、投げる前の振りでも、リングが下方にあるときは重さを生かして力はほとんど使わないほうが、動きが自然に見えるのだと言う。

リングの演技にも手具操作の要求要素として「投げ」は入っているが、落としてしまったとしても要求要素の不足にはならない。投げをこわがることなく、幼い頃こそどんどん練習することで、選手としての将来の可能性が広がっていくのだ。

1 投げ

① 【1本投げ】

② 【回し受け】

① 【2本同時投げ】

② 【座での2本同時受け】

2 ころがし

【床上をころがす】

リングは2本あるから難しそう、と思う人もいるだろうが、じつは2本あるからこそできることも多いのだ。2本投げにしても、両手に1本ずつ持つか、2本まとめて片手で持つかでかなり違う表情を見せることができる。さらに、ジャンプの得意な選手なら、左右開脚ジャンプをして左右の足それぞれにリングを通すという面白い技もできる。新体操の演技に求められる多様性を見せるには、リングはかなり適した手具なのだ。

3 まわし

2本のリングを組み合わせて回す

要求要素に入っている「ころがし」だが、リングの場合は床面を転がすことで面白い演出ができる場合がある。ころがしの回転のかけ方によってころがる軌跡も変わってくるので一見リングとは別方向に行っているように見せかけて、転がってきたリングをピタリと受ける、という見せ場を作ることもできるのだ。2本あること、円状であること、重さがあることにより、リングの使い方はバリエーションが豊富だ。

Men's RG Player⑳
佐藤綾人 (1998年生まれ)
青森大学卒
2016全日本ユース2位

ポイント 29 ドラマチック＆エキサイティング！リングの演技

森多悠愛（花園大学）

リングは、ドラマチックな演技がよく似合う。そして、しっとりした曲でも、激しい曲でも似合う。万能感のある手具だ。じつはかなり重い手具なので、それを2本駆使して演技することは大変だろうとは思う。一方でリングはちょっとお得感のある手具だなといつも感じている。女子の新体操でもよく言われるが「形のない手具（ロープやリボン）は扱いが難しい」のだ。男子の場合はそれがロープでは如実に出るのだが、大会1日目に行われるスティックとリングだけ見ていたら「なんて手具が巧みなんだろう」と思うこともままある。

リングはある程度の大きさのある輪が2つもあるので手具の存在感が大きい。そして形のある手具なので比較的操作し易く、操作のスピードも出る。じつはそうでもない、という選手でも手具の達人かも？　と見えてしまうのがリングだと思う。

そんなリングの名作はといえば、どうしてもはずせないのは木村功の「ロクサーヌ」だ。社会人になってからの木村が演じたこの演技は、まさに燃え盛る情熱がフロアで舞っているよう

佐藤綾人（青森大学）

ここがポイント！

リングは大きな手具なのでいろいろな工夫ができる。1本のリングを投げ上げ、それをもう片方のリングと体の一部で挟んでキャッチする技など難易度のわりにインパクトのあるリングならではの技だ。

吉留大雅（国士舘大学）

佐久本歩夢（青森大学）

森谷祐夢（国士舘高校）

だった。佐能諒一の「スムースクリミナル」もものすごくかっこよかった。大舌恭平の「ルパン三世」にはみんなハートをもっていかれてしまった。たった2回しか見ることができなかったが、椎野健人の「花と囮」は情念を感じせる凄まじい演技だったし、廣庭捷平の「ジプシーガール」は、イントロが聴こえてきただけで心拍数が上がった。

2020年には、佐藤綾人のリングのアグレッシブさに、演技を見ながら手に汗を握った。そんなドラマチックな演技が多いリングだが、異彩を放ち記憶に残っているのが、社会人選手になってから鈴木駿平が演じていた「見上げてごらん夜の星を」だ。この演技はいつ見ても心が洗われたし、いつも穏やかなこの選手の個性にとても合った名作だったと思う。

万能選手なリングだけに、この先もまたワクワクするような演技に出会えるんじゃないか。とても楽しみだ。

佐能諒一（国士舘大学）

五十川航汰（中京大学）

Men's RG Player
安藤梨友（1998年生まれ）
青森大学卒
2020全日本選手権

ポイント 30 投げて跳んで、また跳ぶ！ロープの基本操作

田中啓介（国士舘大学）

「ロープの基本はとにかく縄跳び」と斉藤氏は即答した。なにしろ、ロープの個人演技の要求要素5つのうち4つが縄跳びなのだ。縄跳びが苦手ではロープの演技は攻略できないということになる。

それでは、どうすればロープが得意になれるのかというと、「縄がたるまないように操れていること、縄の重さを理解すること」がポイントなのだそうだ。とくに子どもはどうしても自分の目に入る縄に気持ちがいってしまうので、自分の目の前や上を通る縄は意識するが見えない背面や足元の意識は疎かになる。それはいっぱしの選手であっても同じだという。「目に見えないところでロープがどんな弧を描いているかを研究し、意識して操作することで縄跳びもエシャッペもかなり上達します。縄跳びでも縄を下から上に振り上げるところがポイントになります。」現役時代ロープを自由自在に操っていた斉藤氏の言葉には説得力がある。

また、ロープの操作にはたるみが大敵だが、たるみを作らないためには、ロープの勢いを理解することが重要だそうだ。ロープが自由になったとき、どう動くかを練習の中で見極めておくことでロープと仲良くなれるのだ。

ここがポイント！

一にも二にも縄跳びの練習をしよう。肩から回すのではなく、肘から先で回すことと、縄の操作は下から上へを意識しながら練習し、要求要素の4種の縄跳び（⇒ポイント3参照）はしっかりマスターしよう。

1 投げ

【2つ折りでの投げ】 ①

②

2 三重跳び

3 移動を伴う連続跳び

①

②

NG!

ロープは端を持つのが基本。余らせない！

要求要素には入っていないが、ロープの片端を一端離してからつかむ「エシャッペ」はロープの演技では多用されている。「エシャッペ」そのものが点数になるわけではないが、演技のつなぎとして使いやすく、演技に入れることで演技が大きく見える、ロープをコントロールできていることを印象づけられるなどの効果がある。良いロープの演技は、スピード感があり、ほぼロープが止まるところがない。それを目指して様々な操作に挑戦してみよう。

4 前まわし跳び

5 後まわし跳び

Men's RG Player30
佐藤嘉人 (1998年生まれ)
青森大学卒
2020全日本学生選手権3位

躍動感、スピード感溢れる
ロープの演技

臼井優華（大垣共立銀行OKB体操クラブ）

ここがポイント！

　今でも4手具の中で一番ミスが多いのがロープだ。前半2種目はいい位置につけていても、2日目にロープを持ったとたん別人という選手は少なくない。まずはロープを攻略！それで上位への道も開けるに違いない。

　ちょっと申し訳ないのだが、ロープの演技は、「あれは凄かった」と思い出すことはできてもあまり音楽が印象にない。スピード勝負のロープでは、さすがにバラード系を使う選手はまずいないが、たいていが戦闘系の勇ましく強そうな曲だったり、ノリのいい曲だったり、情感に訴えるような曲があまり使われていないことと、タンブリングと組み合わせたときの技術の凄さに度肝を抜かれてしまうので、曲を覚えていないのかもしれない。

　それでも、強く印象に残っているのは、斉藤剛大の「ドンパ」。優勝を決める演技がこの陽気な曲だったのがいかにも彼らしかった。そして、栗山巧が現役最後の試合で見せた「座頭市」のタップ。あれは、彼はこの演技をするために今までやってきたんだろうと思える会心の一本だった。

　そして、曲が印象に残りにくいというロープへ思い込みを吹き飛ばしてくれたのが、堀孝輔の「四季〜冬」だ。この演技は、高難度演技である

吉留大雅（国士舘大学）

青木涼多朗
（大垣共立銀行OKB体操クラブ）

平野泰新（花園大学）

小川晃平（花園大学）

ことは間違いないうえ、どんなに難しいことをしながらでも、堀がロープと自分の体を使ってこの曲を演奏しているように見せることに挑戦した意欲作だった。これほどの演技内容をこういう曲で演じられる選手はこの先再び出てくるだろうかと、名残り惜しくなる演技だった。

　ロープと言えば忘れてはならないのがレジェンド・臼井優華だ。さすがに近年は全日本で個人総合の頂点に立つことはないが、種目別決勝に残ろうものなら、「ロープくらいは（優勝を）獲りたい」とわかりやすい意欲を見せるのだ。そういう欲が持てるくらいに臼井のロープは抜けている。あの演技をノーミスで通されるとたとえ何歳になっても種目別優勝もあり得る！と思ってしまう。ただでさえ体力的にきついロープをいつまでも得意にし、意欲的に取り組めるとは、きっと臼井はロープに愛されているのだろう、と思う。

田中啓介（国士舘大学）

城市拓人（青森大学）

Men's RG Player③
森多悠愛（1998年生まれ）
花園大学卒
2016全日本ユース3位

同時と非対称を使い分ける クラブの基本操作

ポイント 32

佐藤嘉人（青森大学）

ここがポイント！

クラブの練習では、ぜひ「プロペラ回旋（風車）」をやろう。男子のルールでは風車の細かい規定がなくやれば大体は認められるが、せっかくなら女子の風車並みにできれば手具をこなせているアピールになる。

試合での演技を見ていると、クラブは比較的落下の多い種目だと感じていた。個人総合の場合は最後の種目になることも多いため、プレッシャーがかかることが多いのか、比較的小さな手具なのでキャッチが難しいのだろうと思っていた。

「クラブの落下は、ほとんどがクラブの回転数を理解していなかったことで起きていると思います。どのくらいの力で、どのくらいの高さに投げれば、何回転してクラブがどんな風に落ちてくるかわかっていれば、自分の取りやすいように受けで調整することができ、少なくとも落下は防げるはずです。」と言う斉藤氏。

そのためにも、クラブにはなるべくまめに触れるようにし、ジャグリングのように小さく投げ上げては取る、という遊びのような練習をするようにしたい。遊びながら、クラブってこういう風に動くんだ、ということを知ることは競技として新体操をやっていくうえでもとても大切なことなのだ。

そして、クラブは4手具の中でももっとも体の動きが見える種目だ。つまり手具操作だけうまくても評価されにくい種目だと言える。基礎の体操を美しく、大きくできるようになっておこう。

1 投げ

① 【1本の投げ】

②

① 【2本同時投げ】

②

2 ころがし

【床上のころがし】

　クラブの演技の要求要素で投げは「同時投げ」を含む3回以上となっており、他の手具と変わらないが、印象としてクラブは投げ以外に手具を手から放す操作の種類が少ないので、手具を手に持っている時間が長い傾向がある。そのため、クラブの演技は徒手演技に近い印象のものが多く、最終種目になることも多いため、観客の心を動かすタイプの作品が多いように思う。

3 プロペラ回旋

　持ちっぱなしなイメージを払拭するには、体の動きを止めずに行うジャグリングや、プロペラ回旋のように手からは放れないまでも、手具に動きが生まれる操作を得意にして、体の動き勝負になりがちな演技が多い中でも際立って手具が動いている、そんな選手を目指したい。同時投げも以前は、2本をまったく同時に同じ投げ方をする選手が多かったが、最近は時差をつけるなど工夫が見られるようになってきている。進化の余地はまだまだあるのだ。

Men's RG Player②
田中啓介(1999年生まれ)
国士舘大学
2017全日本1位 優勝

79

胸に沁みる名作多し！クラブの演技

ポイント **33**

田中啓介（国士舘大学）

クラブは情感に訴えるような曲を使う選手が多いのだが、選手に選曲の理由をきくと、「クラブは最後の演技になる可能性が高いから」と言う選手が多い。大学生の場合は、インカレまでになるかジャパンまで進めるかわからない中で、試合を迎え、最終種目でクラブが回ってくるという可能性はかなり高い。大学生ともなれば選手たちもそれを意識していて、「これが最後の演技だ」となったときに思いを込めて悔いなく踊れるような曲を選んでくるのだろう。

選手たちのそんな思いを反映して、クラブは曲のラインナップを見ただけで涙腺の弱い人なら泣いてしまいそうだ。「You raise me up」（城市拓人）、「アメイジンググレース」（栗山巧）、「秋桜」（永井直也）泣かせの曲がいくらでも出てくる。

が、そんな名作揃いのクラブの中でも、とくに印象に残っているのが、谷本竜也が大学生のころに演じていた「ちいさいあきみつけた」だ。童謡で踊るの？　とちょっと驚いたがこの曲がなんとも沁みた。後

ここがポイント！

クラブ同士を打ちつけるという操作は認められてるので演技中にアクセントとして打ちつける選手もいる。堀孝輔が長く演じてきたクラブの演技にもこの打ちつけが入っていてとても印象的だった。

尾上達哉（花園大学）

菅正樹（花園大学）

五十川航汰（中京大学）

～大学と新体操を続けながらも迷いが見えた時期もあった。自分のやりたい演技が評価されない、しかしやりたいことを曲げたくはないというジレンマがあるように見えることもあった。が、その

で谷本に話を聞く機会があったのだが、大学1年生のときに全日本学生選手権を制覇するなど力のある選手ではあった谷本だが、表現力に関してはコンプレックスがあったのだそうだ。それが、花園大学在学中に当時の監督だった野田光太郎氏の助言で使うことにしたのが、この曲だったのだという。かなり手探りだったというが自分の演技としてなじんでからは、この作品は谷本の代表作となり、表現力がないと言う人はいなくなった。おそらく谷本にとっては人生を変えた演技だったのではないだろうか。

中学3年生のとき、クラブで「秋桜」を踊り鮮烈な印象を残した永井直也は、高校

永井が機が熟したとばかりに弾けたのが2016年の全日本選手権。このときの種目別決勝クラブでの永井の演技は神がかっていた。もともと音へのこだわりをもった選手が、ミスなく思い通りに演技を通すとこんなものが見せられるのか！と感動に震えたことを覚えている。曲はショーナンバーのような明るくノリのいい曲「Dibidy

大原朗生（Re:Make）

Dop」で、このときの永井は本当に心から新体操を楽しんでいるように見えた。そして、その1年後に彼は全日本チャンピオンに昇りつめたのだ。最終種目になりがちなクラブは様々なドラマを見せてくれる。

栗山巧（福岡大学）

織田一明（国士舘大学）

Men's RG Player③
吉田和真（1999年生まれ）

「個人競技」の楽しみ方・味わい方

大村光星（花園大学）

この5章では4手具の操作について2ページ、手具ごとに過去の名演技について2ページを割いてきた。過去の名演技は、もう現役を終えた選手メインに取り上げた。現役を終えてしまっている選手たちのことこそ、記録に残したかったからだ。

しかし、近頃、男子新体操を知って興味を持ち、この本にたどりついてくれた人にとっては過去の選手の話をされても、「今さら言われても」だろうと思う。そこで、2021年4月現在、現役の選手たちについて少し触れてみたい。

この本の奇数ページの右下にはすでに全日本と名のつく試合でメダルをとった選手たちの写真が載っている。これもP79よりも後ろに載っている選手たちはまだ現役だ。それもすでに高校総体や全日本ジュニアでメダル獲得している有望な選手たちだ。

ここがポイント！

成長を見続ける楽しみを味わいたければ、ジュニアの試合は見逃せない。大学生に比べたら拙い演技だったとしても、10年後はどうなっているのか楽しみというものだ。ジュニア大会にも足を運んでみよう。

高橋晴貴（国士舘大学）

藤綱峻也（同志社大学）

尾上達哉（花園大学）

清水琢巳（青森大学）

　が、まだ金メダルには手が届いていなくても、小学生のころから新体操を続けてきて、今まさに円熟期を迎えようとしている選手たちも数多くいる。このページでは、そんなこれから期待できそうな選手たちをピックアップしてみた。男子新体操界には1998年生まれにスターが多く、彼らがいなくなってしまった2021年はかなり寂しくなるかと案じられたが、まだまだ下にはたくさんの選手たちが控えている。

　しかも今の大学生たちはほとんどがジュニアやキッズ時代から続けてきている選手達だ。たくさん失敗もしてきたこと、涙も流してきたことを知っているだけに、残りの競技生活は悔いなく頑張ってほしいしできることなら、その姿を見届けたいと思うのだ。「個人競技の楽しみ方」と言わせてもらうならば、思い切り選手に寄り添って観戦、応援することだと思う。長く熱く見続けていれば、「こんなに立派になって！」と親のような気持ちになれることもある。

　その時々の試合だけではなく、選手たちの成長を長く見守っていくつもりで観戦や応援をすればかなり長く楽しませてもらえること間違いなしだ。

吉村航也（花園大学）

岩渕翔之介（花園大学）

Men's RG Player 34
吉留大雅 （2000年生まれ）
国士舘大学
2017全国高校選抜3位

83

まるでマジシャン！　手具の達人列伝

　少し前まで男子新体操の手具操作は一部のカリスマ選手を除けば概ね単調だった。それを思えば、今の選手たちの手具操作の巧みさ、果敢さは隔世の感がある。

　2019〜2020年と男子クラブ選手権を連覇した堀孝輔などは、まさにこの時代の申し子のような選手だった。堀の持ち味はその手具操作の正確性。そしてその正確さを武器に、次々と独創的な手具操作に挑戦し、それを着実にモノにしていった。単に操作をミスなくこなすのではなく、曲に合わせた緩急があり、手具操作自体が表現につながっていた。

　2018年に全日本選手権、全日本学生選手権の2冠を達成した福永将司（当時国士舘大

堀孝輔　（同志社大学）

学）もお手本通りの気持ちのいい、正確な手具操作がずば抜けていた。

　現在の男子新体操の手具操作技術の向上は、2015年のルール改正に拠るところが大きい。それ以前は、いくら難しい操作をしてもそれが点数に結びつきにくかったのだが、2015年以降は、リスクをとればそれが点数に反映するようになったのだ。福永や堀は、そんな時代を象徴する選手と言えるだろう。

　しかし、現在のルールになる前に、圧倒的な手具操作の巧さで全日本選手権連覇（2013〜2014）を成し遂げたのが斉藤剛大だ。あの頃でも、まるで楽しんでいるかのようにリスキーな操作を次々と繰り出していた彼は、今のルールならばどんな演技をしていたのだろうか。

斉藤剛大（国士舘大学）

Part 6

男子新体操の新たな道「エンターテインメント性を生かす！」

男子新体操が話題になることが増えてきたのは
2008年のテレビのバラエティあたりから。
テレビドラマになったり、漫画になったり
その魅力は多くの人が知るところになった。
そして、今。
男子新体操という競技のもつ「エンターテインメント性」が
おおいに注目されている。

弓田速未（国士舘大学）
2014全日本社会人チャンピオン

ポイント 35 男子新体操を進化させた！表現の匠たち①

木村功（清風RG）

今では男子新体操は、「美しい！」「芸術的だ！」と評されることも多くなったが、以前は限りなく「体操」に近かった。もちろん、いつの時代もスター選手はいたが、

ここがポイント！

2015年のルール改正以前は、現在ほど手具操作を詰め込んでいない演技が多く、十分な間をとり、のびやためを見せる演技が多かった。「表現」が際立つ名作が多く生まれた贅沢な時代だった。

そのかっこよさは、あくまでもスポーツ選手としてのかっこよさだった。

それが、2010年あたりから、一気に表現力に長けた選手たちが現れてきた。体操やタンブリング、手具操作をうまくこなすだけでなく、個人ならば90秒間の演技がひとつの「作品」になっており、見ている人に何かが伝わる。そんな世界観をもった演技をする選手がぽつりぽつりと出てきたのだ。

その代表格としてよく名前があがるのが、2010年全日本学生チャンピオンの大舌恭平（当時青森大学、現在はBLUE TOKYOリーダー）。たしかに彼の演技は、曲調によって時にせつなく、時にクールでまるでショーを見ているようだった。しかし、その大舌よりも1学年上にも後世に語り継がれるような芸術的な演技をする選手がいた。木村功（当時花園大学）だ。木村は、つま先まで隙のない美しい線を見せる体操のできる選手で、さらに音楽に合わせてその

廣庭捷平（丹後ジュニア新体操クラブ）

情景や感情が見えるような抒情的な演技で、フロアマットの上に世界を描いて見せた。社会人になってからも何回か社会人選手として大会に出場し、より深みを増した表現を見せてくれたレジェンドだ。

2013年に社会人チャンピオンになった廣庭捷平（福岡大学卒）も、エンターテイナーと呼ぶにふさわしい演技をする選手だった。4種目それぞれにまったく違うテイストの曲を使い、それぞれの曲を体現するような演技を見せた。廣庭とは同級生で2012年の全日本チャンピオンとなった松田陽樹（当時青森大学）の演技も、どちらかというとダンス的な色が濃かった。柔軟な体を使って旋律を動きで奏でるような彼の演技は鮮烈だった。その松田の1年後輩にあたる小林翔（当時青森大学）は、青森山田高校在学中から、ダンサブルな演技で目を引く選手だった。高校2年時には、全日本ユースチャンピオンシップで男子の競技も行われるようになり、初代チャンピオンとなった選手でもある。小林も、音楽に合わせた動き、表現に卓越したものがあり、大学生になってからは表情にも深みが増し、よりドラマチックな演技をするようになっていった。

松田陽樹（青森大学）

小林とは同級生の弓田速未（当時国士舘大学）も、表現者としての評価が高かった。「現役のころは、もちろん良い順位も目指していたが、それ以上に、審判員の

小林翔（青森大学）

向こうにいる観客に届けたいという思いで演技をしていた」と弓田は当時を振り返る。彼のその思いはしっかりと観客に伝わり、「弓田速未」の名前がコールされると女子側の観客席までもが静まりかえるというかつてない会場の空気を作り出していた。

弓田速未（国士舘大学）

Men's RG Player㊱
向山蒼斗 (2000年生まれ)
国士舘大学
2018全国高校総体優勝

87

男子新体操を進化させた！表現の匠たち②

永井直也（青森大学）

2017年の全日本選手権はじつに贅沢な大会だった。2010年全日本ジュニアチャンピオン・永井直也（当時青森大学）が、ついに全日本チャンピオンになったのだ。

ここがポイント！

近年は新体操を始める時期が低年齢化している。そのため、高校始めが多かった時代に比べると基礎的な身体つくりに時間がかけられており、表現に至る動きができる選手が増えてきたと言える。

それも個人総合ではリング以外の3種目で1位と限りなく完全優勝に近い見事な優勝だった。

永井直也は、ジュニアでの鮮烈なデビューのときから明らかに「別モノ」だった。あまりにもしなやかで美しく、動きで何かを表現する力をジュニア時代から持っていた。大学生になってから確信犯的に従来の枠からはみ出すような演技をするようになった永井は当時、「新体操もダンスのひとつのジャンルだと思っている」と言った。どこまでも細かく音を拾い、自らの動きで音楽を表現し尽す彼の演技は、男子新体操という基準の中では評価されにくかった時期もあるが、その美しい体操と斬新で繊細な表現には、多くの選手たちがあこがれた。

永井の同級生には、2015年全日本チャンピオンの小川晃平（当時花園大学）がい

小川晃平（花園大学）

た。小川は永井とはまた違う種類の表現力をもった選手で、タンブリングの強さと柔軟性を併せもつ彼の緩急の効いた演技は、観客を魅了し、また後進たちのあこがれだった。2017年の全日本選手権は、この永井、小川という一時代を象徴する選手たちの引退試合であり、そこで永井は初の栄冠を勝ち取ったのだ。

　新体操というスポーツは、自分の「強い部分」で勝負できる。もちろん、様々な技術が一定レベルには到達しないと試合に出て、それも上位に入っていけるような選手にはなれないが、たとえば全日本レベルの大会での上位争いを見ると、それぞれの選手が自身の「強み」で戦っていることを感じる。だから、なにもすべての選手が「表現の匠」を目指す必要はない。それでも、この永井＆小川が君臨した時代には、多くの選手たちがその影響を受けていた。

　2018年全日本学生選手権での佐久本歩夢（当時青森大学）、2019年全日本学生選手権での栗山巧（当時福岡大学）などの演技も素晴らしかった。もとより表現力には長けていた選手たちだったが、学生最後の年の全日本学生選

城市拓人（青森大学）

手権で彼らが見せた演技は、まさに「そこまで生きてきた証」とも感じられるものだった。ただ、技術や勝ちだけを求めていたのではこうはなれない。2020年が学生最後のシーズンだった城市拓人（当時青森大学）の最後の2年間もそうだった。故障やミスで自分の描きたい世界を試合ではなかなか見せてこれなかった選手だが、最後の2年間はほとんどの演技で「自分の世界」を描いて見せ

栗山巧（福岡大学）

佐久本歩夢（青森大学）

た。男子新体操選手たちにとって表現とは、小手先のものではなく生き様なのだ。みんなが匠にはなれないが、ずっと新体操を続けてきたからこそ伝えられるものは、どんな選手にもきっとある。

Men's RG Player③
岩渕緒久斗（2001年生まれ）
青森大学
2019全国高校総体3位

89

ポイント 37 認知度アップに貢献！団体の千両役者たち

鹿児島実業高校 2020 団体

らなる普及のヒントがあると思うからだ。

男子新体操の認知度を上げた功労者と言えば「鹿児島実業高校」であることは間違いない。近年は高校総体で上位に入ることはないが、それでもどの大会でも人気はナンバーワン！テレビでの露出もずば抜けて多い。すっかり有名になった鹿実のコミカル演技だが、

「男子新体操？　団体ならテレビで見たことある」という人は、じつに多い。個人競技もあることを知られていないということは、まだまだ認知度が低いのだと思い知らされるが、一方で、マイナーだった男子新体操でもなぜ団体だけはこんなにも認知度が高いのか、と考える。そこにこそ、さ

始めたのは2000年代になってから、とかなり歴史がある。始めた当初は、選手からも反発があったり、審判の不評をかったり、観客にもうけなかったこともあったという。が、今や「高校総体名物」とまで言われるようになった。

ここがポイント！

鹿児島実業高校は、笑いを追求しているだけではなく新体操の技術向上のための練習も地道に重ねている。その結果、大学で活躍する卒業生が多く、2018年全日本チャンピオン・福永将司もその一人だ。

宮城県名取高校 2020 団体

　鹿児島実業とは方向性は違うものの、審判の評価以上に「観客に何を伝えるか」にこだわって人気チームになっているのが宮城県名取高校だ。名取高校は、練習場にスプリングマットがなくタンブリング力を磨くことが難しい。その分、作品の世界観を伝えるスタイリッシュな振付にはずっとこだわってきた。さらに、振付に手話を取り入れたり、テーマ性の強い作品に挑戦し、毎年、観客を沸かせている。

　圧倒的な柔軟性と美しい体操で2005年以降、高校総体を5回制している井原高校も、実力と実績もさることながら、人気ゲーム曲を使用し、そのゲームのファンたちまでも巻き込む人気ぶりだ。男子新体操の人気を長く牽引してきたという点では、青森山田高校の存在も大きい。いち早く、振付にダンス的な要素を取り入れたり、常に男子新体操の新しい魅力を追求してきた。

　高校総体という各地方にとっての大イベントがあるためか、メディアに取り上げられることが多く、男子新体操の認知度アップに貢献してきたのは、高校生の団体が多いが、大学生も負けていない。大学団体の雄・青森大学が2009年の全日本選手権で

井原高校 2020 団体

青森山田高校 2017 団体

見せた演技「BLUE」は、早逝した先輩を追悼する演技で、そのとき会場にいた観客は静まり返った。この動画がインターネットで世界中に拡散し、そこからシルク・ドゥ・ソレイユへの道も開けた。その後も、青森大学は重厚感のある体操に加え、「ブランコ」に代表されるエキサイティングな組み技も数多く開発し、競技実績を積み重ねるだけでなくエンターテインメントとしての男子新体操を周知するうえで大きな役割を果たした。

青森大学 2018 団体

Men's RG Player③
遠藤那央斗（2001年生まれ）
青森大学 2019全国高校選抜2位

ポイント38 「エンターテインメントを仕事に！」を実現した先輩たち

BLUE TOKYO

長くても大学生までで競技生活を終える選手がほとんどの男子新体操だが、以前から現役引退後に、そのアクロバット能力を生かし、エンターテイメントの世界に入っていく選手は一定数はいた。が、どうしても見世物的な扱いであったり、舞台に迫力を出すためのアクロバット要員というのが現実でもあった。

そんな中、「男子新体操」そのものをエンターテインメントとして見せること、それを仕事にすることがきっとできるはず、と2010年に発足したのが「BLUE TOKYO」だ。青森大学OBたちによる「男子新体操のプロ集団」として、ダンス界でも著名なDAZZLEや三浦大知、和太鼓の鼓動、さらには坂東玉三郎やフィギュアスケートの高橋大輔ら錚々たるアーチストたちとの共演も果たしてきた。男子新体操で舞台を創る！　という夢を叶えた舞台『BLUE』も雪深い冬の青森に活気を与え、地方経済にも寄与してきた。現在も、

ここがポイント！

インターネットで誰でも情報発信ができる今の時代、「一目見れば凄さがわかる」男子新体操は、佐藤三兄弟のようなブレイクの可能性をおおいに秘めている。発信方法や発信の場などをよく見極めよう。

Vivo

メンバーたちはテーマパークでのダンサーやパーソナルトレーナー、アクロバットの指導者などの仕事とBLUE TOKYOの仕事を両立しながら活動を続けている。

　九州では、神埼清明高校OBを中心にしたパフォーマンス集団「Vivo」が2017年に立ち上がった。商業施設のイベントコーナーや各地でのイベントで男子新体操を披露するほか、地域で体操教室を開催して指導にあたるなど、男子新体操の普及活動に励んでいる。2019年にはハンドボール世界選手権のハーフタイムショーにも登場。

　今後は、独自の体操療育を中心にした放課後等のデイサービス施設の開所も予定しているとのこと。男子新体操OBたちの活躍の場、地域貢献の場を着実に広げている。

　そして2021年。男子新体操からエンタメ界に飛び込むのが佐藤三兄弟だ。青森大学在学中から「イケメン三つ子のシンクロパフォーマンス」がTikTokでブレイク。大学卒業後はavex entertainmentに所属して活動しているが、すでにメディア露出も多く、ますます人気は高まりそうだ。ジュニア時代から選手としても卓越した力を持っていた最強の三つ子は、この先、エンタメ界で男子新体操のポテンシャル

佐藤三兄弟

佐藤綾人（青森大学）

佐藤嘉人（青森大学）

を示す絶好の伝道師となるに違いない。

佐藤颯人（青森大学）

Men's RG Player③
森薗颯大（2001年生まれ）
青森大学
2016全日本ジュニア2位

93

男子新体操は国際化するのか?

　男子新体操は、じつは海外ではかなり人気がある。2000年、いやそれよりも前から海外の体操フェスティバルやツアーなどに毎年のように招聘され、ドイツ、オランダ、イタリアなどで大観衆を前に男子新体操の演技を披露し、拍手喝采を浴びているのだ。

国士舘大学海外遠征

　個人、団体の競技作品を披露することもあるが、国士舘大学はイタリアやドイツに大人数で遠征し、長縄などの集団演技も行い人気を博している。男子新体操の技術、迫力、芸術性を駆使した集団演技は、「極上のエンターテインメント」として海外でも熱狂的に受け入れられている。

　数は少ないが海外にも男子新体操のクラブもあり、男子新体操の練習をしている子ども達がいる。清水琢巳（青森大学）は、1年間の留学期間中、バンクーバーのクラブで男子新体操の指導を行った。楽しそうに練習に取り組み、上達していく子ども達を見て、継続的に指導する人がいれば、ともどかしく感じたと言う。

　現在は、日本から積極的に男子新体操の国際化を進める動きはない。そこまで手が回らないというのが現状だが、ここにきてロシアを筆頭に海外のほうから、日本の男子新体操へ熱視線が送られるようになってきている。現状のまま女子のみの種目であれば新体操自体、ジェンダーフリーの観点から五輪種目としての存続も難しくなってしまう。そこで男子新体操を！　という流れになってきているのだ。男子新体操の悲願でもあった「国際化」に向けて今はかつてない追い風が吹いている。このチャンスを生かせるかどうかで、男子新体操の未来は大きく変わってきそうだ。

バンクーバー留学中に指導にあたる清水琢巳(青森大学)

Part 7

これからどうなる?
男子新体操の未来を考える

10年前に比べたら人気も認知も確実に上がっている!
それでも競技人口は相変わらず微増がやっと。
人気だけ盛り上がってもやる人がいなければ男子新体操に未来はない。
この先、男子新体操はどう変わっていくのか?
なにが普及の原動力になるのか。
この10年を振り返りながら考察する。

小川晃平（花園大学）
2015全日本チャンピオン

ポイント 39 「国民スポーツ大会」への復帰とこれから

埼玉栄高校 2020 団体

再三書いてきたが、現在のように男子新体操の認知度が上がってきたのは、2008年のテレビのバラエティ番組からだが、この2008年という年は、男子新体操にとっては大きな節目の年だった。それまでは、高校生にとっての3大大会のひとつだった国民体育大会（現在は「国民スポーツ大会」に改称）での男子新体操競技がこの年を最

後に休止になってしまったのだ。

国体という大会がなくなることは、単に試合がひとつ減っただけではすまない。当時の男子新体操は高校生がもっとも競技人口が多く、高校生頼みの競技だった。男子新体操の指導者の多くが高校教師だったが、それは各自治体が行う「国体に向けての強化」の恩恵を受けてきたからだ。それがなくなれば、男子新体操の競技者も指導者も今後増やすことができなくなり、男子新体操は絶滅危惧スポーツになってしまう。そんな危機感がこの時期、かつてなく高まっていた。それくらい国体の休止は男子新体操にとって致命傷だと思われていたのだ。

ここがポイント！

2012年全日本チャンピオンの松田陽樹は、高校時代は団体選手だった。国体のためにクラブだけ個人演技を経験し、個人競技の魅力に目覚め、4年後には個人でチャンピオン。こんなこともあるのだ。

村地廉人
（大垣共立銀行OKB体操クラブ）

しかし、その後、予想に反して競技人口にそれほど大きな落ち込みはなかった。それはもちろん、指導者ら男子新体操関係者の努力の賜物だ（⇒ポイント40参照）。そして、ついに2024年の佐賀大会から男子新体操が国民スポーツ大会に復帰することが、2019年に決まったのだ。

これは男子新体操にとって福音だ。国体休止後もなんとか保ってきた競技人口を増やすチャンス到来でもある。さらに、「国体方式」と言われる競技方法は「団体競技＋個人競技×4人」の得点で順位が決まるため、団体偏重になりがちな高校生も、手具を持って個人演技に挑戦する必要が高まる。より多くの高校生、ジュニア選手が個人競技に取り組むようになれば、個人競技のさらなるレベルアップにつながるに違いない。

1校では団体が組めなくても、県内の選手を集めて「県選抜チーム」を組むことができるのも国民スポーツ大会の利点だ。ジュニアでは男子新体操をやっていても、団体の組める高校が地元にないと辞めてしまうことが少なくないが、「県選抜」の可能性があれば、ジュニアクラブの選手たちも希望がもちやすくなるだろう。

国体休止から、国民スポーツ大会への復帰までの16年間、男子新体操関係者は必死に持ちこたえてきた。その結果、よりよくなってきた面もある。そこにきての「国民スポーツ大会復帰」だ。これが弾みにならないわけはない。

とくにジュニア選手の増加に向けては大きな後押しになるはずだ。今後の競技人口増におおいに期待したい。

野村壮吾（埼玉栄高校）

岡本瑠斗（国士舘高校）

海谷燎摩（北海道恵庭南高校）

Men's RG Player③
森谷祐夢 2002年生まれ
国士舘大学
2019全国高校総体優勝

97

ポイント 40 ジュニア⇒高校⇒大学 (社会人)の連係の広がり

BLUE TOKYO KIDS 2018 団体

13チームが中学校名での出場だった。同じ大会で女子は19チーム中中学校名なのは2チームのみで、他はすべてクラブチームだった。このころまで男子新体操の中心は中学・高校の部活動だったということがよくわかる。

その10年後、2017年の全日本ジュニアの記録では、男子団体20チーム中、中学校名なのはわずか2チームだ。国体のなかったこの10年で男子新体操を取り巻く環境はこれだけ大きく変化を遂げたのだ。ちなみに2007年の全日本ジュニアに出場していた団体でクラブチーム名なのは、神埼ジュニア新体操クラブ、会津ジュニア、君津新体操クラブ、半田スポー

2008年を最後に国体での男子新体操競技が休止になり、存続の危機に瀕していたはずの男子新体操が、なんとか持ちこたえてこられた原動力となったのがクラブチームの台頭だ。

国体が休止になる前の2007年の全日本ジュニアの記録を確認してみると、男子の団体は19チーム出場しているが、じつに

ここがポイント！

近年増えてきた男子新体操のクラブチームの中には、もともと女子のクラブがあり、そこに男子クラスができたものもある。女子のクラブも少子化で状況は厳しい。男子クラス増設は今後も増えていきそうだ。

国士舘ジュニアRG2017団体

ツクラブ、恵庭RGクラブ（現在は北海道新体操クラブ）、井原ジュニア新体操クラブだ。いずれもクラブチームのさきがけと言えるチームだが、この後、ジュニアを育成するクラブチームは一気に増えていく。

まず、2010年にドラマ「タンブリング」放送を契機に、国士舘大学が国士舘ジュニアRGを設立。翌2011年には、高校総体が青森で開催されたことをきっかけにBLUE TOKYO KIDSが立ち上がる。一時期はほぼ活動停止していた神埼ジュニアも2013年から復活。

そして、なんと言ってもこの時期、ジュニアの男子新体操を牽引していたのがNPOぎふ新体操クラブ（現在は大垣共立銀行OKB体操クラブ）だ。2009年に臼井優華が同クラブ初のジュニアチャンピオンとなると、その後、2011～2013年に安藤梨友が3連覇。2015年に安藤未藍も優勝。五十川航汰、山本悠平らも表彰台にのっている。当時のNPOぎふの選手たちは小学生から新体操を始めている選手が多く、あまりの強さにその理由を尋ねたとき、臼井俊範監督は「長くやっている」と答えたものだ。選手たちの素質以前に、中学から始めれば早いほうだったジュニア選手たちの競技開始年齢をぐっと引き下げたのは、このNPOぎふの台頭ではなかったかと思う。

また、社会人チームとして活動中の三桜電気工業の社会人選手たちが指導する三桜ジュニア新体操クラブからも、すでに大学生になる選手が育ってきた。社会人選手の指導を受けられるジュニアや、国士舘の大学生や、神埼清明高校や井原高校の高校生の演技を間近で見ながら育つジュニア達が、これからどんどん増えていくと思うと楽しみでしかない。

「国体休止」という大ピンチが、男子新体操が活動の軸をクラブチームに移すきっかけになったと考えれば、まさにピンチをチャンスに変えた10年間だったと言えるのではないだろうか。

井原ジュニア新体操クラブ
2020 団体

神埼ジュニア新体操クラブ2014 団体

Men's RG Player
村地廉人 (2002年生まれ)
朝日大学
2020クラブ選手権高校生の部

男子新体操を生かした
様々なセカンドキャリア

永井直也／ダンサー・コレオグラファー

体操選手たちも増えてきた。

　その筆頭にあげたいのが、ダンサー／コレオグラファーとして第一線で活躍中の永井直也だ。大学卒業後、早々にプロダンサーも通うダンススタジオでクラスをもち、著名ダンサーとの共演も数多くこなし、ダンサーとして、また振付でも順調に実績を積んできている。羽のように軽いアクロバットは今でも健在ながら、ダンサーとしては決してアクロバットを売りにすることなく、あくまでもダンスで勝負している。

　松田陽樹は、BLUE TOKYOメンバーとしても活動しているが、パーソナルトレーナーとしても活躍中だ。柔軟性アップ、ボディメイクなどそれぞれの要望に応える丁寧な対応で人気を得ている。自身もボディメイクには挑戦しているそうだが、新体操で身につけたトレーニングに取り組むストイックな姿勢は武器になっていると言う。

　「コンボイショー」やミュージカル、大河ドラマなどに出演し、俳優としても活躍しているのが佐久

　男子新体操をエンターテインメントの舞台で披露するという道以外にも男子新体操で培ってきた身体能力、技量などを生かして次のステージで活躍している元・男子新

ここが ポイント！

　新体操という創造性が必要なスポーツをやってきたことでいつの間にか身についているのが「目標に到達するために、今、何をすればよいか？」を考える力だ。これはどの世界でも必ず役立つ財産になる。

松田陽樹／
パーソナルトレーナー

間雄生だ。「舞台で活躍したければ、アクロバット以外の技術が必要。明確な目標を設定して、演技や歌、ダンスなど必要なものは貪欲に学ぶ。そして一番大切なのは弛まぬ努力。」と後輩への言葉を寄せてくれた。

佐久間雄生／俳優・ダンサー

　和太鼓によるパフォーマンス集団「DRAM TAO」で活躍しているのが山口竜昇だ。山口の実績もあり、DRAM TAOでは現在も男子新体操経験者を求めている。⇒採用情報（http://www.drum-tao.com/main/recruit）

　みんながあこがれる「バク転」にターゲットを絞って事業を興したのが谷俊太朗。ダンスやチアの女子たちにも人気という「バク転パーソナル教室」は、2020年10月開業で順調に利用者を増やしている。また、同教室の講師には元男子新体操選手が多く、雇用創出にも貢献している。

谷俊太朗／バク転教室経営

　奥村等士は、演目の中に男子新体操を取り入れている「サムライロックオーケストラ」のステージに出演中だが、男子新体操の技術だけでなく、様々な経験を積めていることで、他の舞台へも出演するなど、活動の場を広げてきている。

　男子新体操での経験は、それぞれの新しい世界でも必ず役に立つ。先輩たちの活躍がそう教えてくれる。

山口竜昇／DRUM TAO

奥村等士（サムライロックオーケストラ）

Men's RG Player④
田中涼介（2002年生まれ）
青森大学
2018全日本エース2位

男子新体操イエローページ
～男子新体操やりたい人はここをチェック！

①所在地 ②代表・監督名 ③連絡先 ④活動状況 ※在籍数は2020年度 ⑤PR ～2021年3月調べ

●=大学、◆=高校、▲=中学校またはクラブチーム

北海道

◆北海道恵庭南高校
①北海道恵庭市
②工藤直人
③0123-32-2391
④在籍11人/火～金3時間、土日4時間半練習
⑤インターハイ優勝を目指し、心を動かす演技をテーマに日々頑張っています。冬は-15度の体育館で練習しています。

◆札幌東陵高校
①北海道札幌市
②小山翔平
③011-791-5055（学校代表）

▲北海道新体操クラブ
①北海道恵庭市、江別市
②工藤直人
③0123-32-2391
④月5回コース、6回コース、9回コース、12回コース有。2時間程度。
⑤全日本ジュニア新体操選手権5回目の優勝を目指し、どのコースも努力しています。

▲北海道モエレ新体操クラブ
①北海道札幌市
②中村隆太、石橋壮幸
③090-2812-6892
④男子12回コース7名/女子6回コース6名/ミックスコース5名
⑤様々なコースから新体操の良さを知っていただきたいです！

東北

●青森大学
①青森県青森市
②斉藤剛大（監督）
③017-738-2001
④36名/平日17：00～21：00、休日9：00～12：00
⑤2002年創部。全日本インカレでは団体19連覇中。技術を磨くだけでなく"高い人間力"を身につけることを目標に活動している。

◆青森山田高校
①青森県青森市
②尾坂雄右（体操部総監督）
③017-739-2001　（学校代表）
④在籍15人/週6日（平日は14：00～18：00）
⑤伝統ある青森山田で最高の青春を送ろう！

◆青森県立弘前実業高等学校
①青森県弘前市
②中嶋豊（校長）
③TEL 0172-32-7151 FAX 0172-37-2935
④週5日程度活動。
⑤「初心忘れず、継続は力なり！」をモットーに少人数ながらも選手・マネージャーみんなで協力し合い日々練習に励んでいます。

▲BLUEアスリート
①青森県青森市

②荒川栄、川戸元貴
③080-8903-9070（佐久本）
④2020年発足。オンライン演技会、ダンスコンテストなどに出演。
⑤男子新体操競技で日本一を目指しながら、将来ジュニア指導・会社経営をする夢のため、勉強との両立をはかりながら活動しています。

▲BLUE KIDS
①青森県青森市
②川戸元貴
③080-3144-7057
④青森市を本部として、八戸市と岩手県で活動中。
⑤「子どもの元気が日本を元気に」を掲げて男女問わずそれぞれの可能性を引き出すために頑張ります。

◆盛岡市立高校
①岩手県盛岡市
②藤原大貴
③019-658-0491（学校代表）
④在籍16人/火～金16：00～18：30、土・日10：00～14：00
⑤新体操を通じてたくさんの経験をし、心を育むことを目標に取り組んでいます！

▲滝沢市立滝沢南中学
①岩手県滝沢市
②小渡敏貴
③019-687-2021（学校代表）

▲ホークジュニア
①岩手県盛岡市
②藤原弘子
③hiroko0905353@gmail.com
④在籍20人/月3回、日曜日の14：00～16：00
⑤男子新体操が好きな子ども達です！

▲ジャンクションスポーツクラブ
①秋田県秋田市
②大友淳
③090-7667-8193
④在籍13名/土日祝に練習
⑤秋田県唯一の男子新体操クラブ。活動状況をSNSに投稿しているので、「ジャンクションスポーツクラブ」で検索してみよう。

◆酒田南高校
①山形県酒田市
②下村祐希
③shimotsukue@sakataminami-h.ed.jp
④10名/平日17：00～20：00、土日祝9：00～12：00または13：00～16：00

▲酒南ジュニア男子新体操教室
①山形県酒田市
②下村祐希
③luminare.rg@gmail.com
④平日17：00～20：00、土日祝9：00～12：00または13：00～16：00
⑤2021年4月スタートの新しい教室です。月3回（土日のいずれか）のバク転教室も行います。

●仙台大学
①宮城県仙台市
②神野未来
③mk-jinno@sendai-u.ac.jp
④在籍4人/月～金（17：30～22：00）
⑤少ない人数ながらも一人一人目標をもち日々練習しています。初心者、経験者問わず入部お待ちしております！

◆宮城県名取高校
①宮城県岩沼市
②本多和宏
③0223-22-3151
④選手7名、マネージャー5名/原則木曜日以外が練習日。変動有り。
⑤応援されるチームになれるよう頑張ります！

▲キューブ新体操
①宮城県白石市
②菅野大輔/佐藤秀平
③0224-22-1290（ホワイトキューブ）
④13名/火・木・土　1時間半～3時間練習
⑤4歳～15歳のクラブ員たちが年齢関係なく仲良く！楽しく！活動しています。

◆宮城県白石高校
①宮城県白石市
②菊地伸宏
③0224-25-3154
④5人/週5日（平日2時間、休日3時間）
⑤初心者から始めたものが多いですが、新体操を楽しく、文武両道を目指して活動しています。

▲華舞翔新体操倶楽部
①福島県喜多方、会津若松
②男子監督：山田智史
③hanabu-shou@outlook.jp
④60名（男女合計）

北信越

◆福井県立科学技術高校
①福井県福井市
②後藤大輔
③090-1317-2415
④在籍5人/月～金16：00～19：00、土8：30～12：00、日13：00～16：00
⑤見ている人の心を動かす演技を目標に日々練習しています！

◆長野県長野東高校
①長野県長野市
②関澤健二
③026-221-8111（学校代表）

▲Wingまつもとまとも RG男子クラス
①長野県松本市
②西沢啓子
③026-350-7148
④在籍16人/火～金16：00～18：30、土・日10：00～14：00
⑤新体操を通じてたくさんの経験をし、心を育むことを目標に取り組んでいます！

▲STELLA新体操クラブ
①新潟県新潟市
②加藤弘美
③https://niigata-stella.jimdofree.com/
④6名/毎週木曜17：15～18：45
⑤いろいろなスポーツの基本として男子新体操を楽しく練習しています。男子新体操の楽しさを体験してみませんか。

▲TUNE.RG
①新潟県上越市
②村松梨可子
③mmr_s2@i.softbank.jp
④6名/月17：00～18：30（一般クラス）17：00～20：00（競技クラス）、日15：00～17：00（競技クラス）
⑤一般クラスで発表会をめざす子から、試合に出て頑張りたい子まで、幅広く指導させていただいています。

▲レインボージムナスティックス大潟
①新潟県上越市
②水本賢
③025-546-7680
④在籍19人/月、水、土3時間半の練習
⑤男子新体操クラスはできたばかりですが、上越市立上越体操場という素晴らしい施設を拠点に活動しています。

関東

●日本ウェルネススポーツ大学
①茨城県北相馬郡
②浪江誠弥
③0297-68-6787
④在籍1人/週6日、1日4時間程度練習
⑤2020年に創部し、活動を始めました。テーマは「できることを精一杯」。新体操が大好きな高校生を男女問わず募集中です。

◆群馬県立前橋工業高校
①群馬県前橋市
②宮澤一成
③090-2917-5334　k-miyazawa@edu-g.gsn.ed.jp
④9名/週6日　平日16：00～19：00、休日9：00～13：00
⑤校訓「高きを仰ぎ最善を尽くす」を念頭にどんな状況でも一生懸命に頑張ります。

◆千葉県立袖ヶ浦高校
①千葉県袖ケ浦市
②畠山可夢
③0438-62-7531（学校）
④11名/週6日練習、平日16：00～18：30、休日8：30～15：00
⑤「静心輝技」をモットーに与えられた環境をプラスにできるよう前を向いて練習に励んでいます。インターハイ常連校になることが目標。

▲君津新体操クラブ
①千葉県君津市
②能城健雄（代表）畠山大樹（監督）
③080-6594-6304
④25名/週3日練習
⑤謙虚に　一途に　前向きに　全日本ジュニアで活躍できるように日々練習しています。

●国士舘大学
①東京都多摩市
②山田小太郎
③kokushikanmrg@yahoo.co.jp
④在籍35人（2021年度）/ほぼ毎日、体育館が空いている時間
⑤常に日本一を目指し、質の高い新体操を目指しています。日本の新体操を世界に！

◆国士舘高校
①東京都世田谷区
②大舌俊平
③03-5481-3131
④在籍6人/火～日練習
⑤国士舘らしい新体操を目指して頑張ります！

▲国士舘ジュニアRG
①東京都多摩市
②山田小太郎
③kokushikanjrrg@yahoo.co.jp
④在籍30人/火木土日17：30～20：00（休日は9：00～13：00）

⑤日本一を目標に大学生をお手本に美しい体操を目指しています！

▲Synchression（シンクレッション）
①東京都江戸川区
②石塚智司
③03-5879-2993
④15名/週1〜週4＋特別練習まで可。川崎、横浜、埼玉でも活動中。
⑤講師は現役パフォーマーとして活躍しており、エンターテインメント要素の多い様々な指導を受けることができます。

▲RG葛飾新体操クラブ
①東京都葛飾区
②安藤織
③090-3043-1674
④火曜、土曜（日祝日）
⑤楽しく、元気よく、そして美しい徒手を目指しています。長く続く選手が育つことを願っています。

◆▲埼玉栄高校・中学
①埼玉県さいたま市
②石田渓
③048-624-6488（学校代表）
④中学3名・高校13名/平日16：00〜20：30　土日祝9：00〜15：00
⑤為せば成る日本一！を部訓として、初心者から経験者まで一丸で全国優勝を目指します。

▲草加ジュニア新体操クラブ
①埼玉県草加市
②男子監督：安藤庸介
③supaemon@hotmail.co.jp
④男子13人/Boysコース週1回火曜/競技コース週3回（木・土・日）
⑤草加市立高砂小学校アリーナをホームとして活動しています。クラブ員絶賛募集中です。

▲フォルテRG
①埼玉県上尾市
②菊池正源/菊池石根
③forte_jimukyoku@yahoo.co.jp
④6人/週3回3h
⑤楽しみながら人間を育んでいきます。

◆光明学園相模原高校
①神奈川県相模原市
②貝瀬仁史
③042-778-3333（学校代表）
④火〜日、平日15：40〜19：00、土日祝日9：00〜17：00
⑤生徒が主体的に行動することを心がけています。何事にも一生懸命に努力するをモットーに頑張っています。

▲相模原市体操協会ひかり体操教室
①神奈川県相模原市
②貝瀬仁史
③相模原市体操協会HPから
④男女半々40名程度/木　18：00〜20：00
⑤体操が好きな子、苦手な子など様々な生徒が集まっています。体操の楽しさを通じての子ども達の成長を応援しています。

▲A RG
①神奈川県横浜市
②大原朗生
③080-3692-0148
④約50名/月〜木18：00〜21：00、金19：00〜21：00、土13：00〜18：00
⑤男子新体操・女子新体操・アクロバット・バレエをメインに活動しています。まずはチャレンジする！を大切にしています。

◆山梨県立甲府工業高校
①山梨県甲府市
②雨宮智秋
③055-252-4896（学校代表）

▲NPOクレスト
①山梨県山梨市
②河野美香/丸茂拓矢
③crest-rg@fruits.jp
④12人/週1回3h
⑤だいたい楽しい！　和気あいあいと元気よく！

▲小島新体操クラブ
①山梨県甲斐市
②小島久美子
③small_island_213@yahoo.co.jp
④一般クラス6人・選手クラス2人/一般：週1回1h・選手：週2回3h
⑤協調性や思いやりの心を新体操を通じて育んでいきます！幅広い年齢層が集まって一緒に活動するのが当教室の特徴です！

東海

◆静岡県立島田工業高校
①静岡県島田市
②鈴木康正
③0547-37-4194（学校代表）

◆静岡県立稲取高校
①静岡県稲取市
②平井幸逸
③090-2131-0667
④17名（うちマネージャー6名）/週5日 3〜4時間練習
⑤全国大会出場に向けて日々精進。

▲稲取ジュニア新体操クラブ
①静岡県稲取市
②大場英生
③090-2778-5600
④9名（男子5、女子4）/月水金日　平日18：30〜20：30　休日9：00〜11：00

●中京大学
①愛知県豊田市
②前田節夫
③0565-46-1211（大学代表）
④4名/豊田キャンパス体育館で毎日活動

◆愛知県立阿久比高校
①愛知県知多郡
②若子雄大
③056-948-7111
④部員14名
⑤全国で活躍できるように頑張ります！

▲阿久比ジュニア新体操クラブ
①愛知県知多郡
②090-5624-2482
③若子雄大
④70名
⑤愛知県から新体操を盛り上げていこうと思います！

▲半田スポーツクラブ
①愛知県半田市
②杉江裕司
③090-1478-6439
④年長〜小6 15名/17：00〜20：00（月木金）8：00〜12：00（土日）
⑤数多くの名選手を輩出してきているクラブです。

◆愛知県立起工業高校
①愛知県一宮市
②安福康夫
③0586-61-1188
④11名/週6日　平日2時間、休日3時間練習

⑤高校から始めた選手ばかりです。自分達で考える新体操を楽しんでいます。

▲ライズ新体操クラブ
①愛知県長久手市
②深江賛
③0561-64-7211
④愛知県日進、尾張旭、瀬戸で男子新体操クラブとして活動中。
⑤男子新体操を通してスポーツの楽しさ、体を操る楽しさを子ども達に伝えていきます。

●朝日大学
①岐阜県瑞穂市
②臼井優華
③090-8184-4062 yuga.rg.0610@gmail.com
④2名/週6日（水曜休み）17：00～21：00（土日9：00～17：00）
⑤競技力を高め、人間性を豊かにするコミュニティを目指しています。

◆岐阜県済美学院済美高校
①岐阜県岐阜市
②坂本匡
③058-271-0345（学校代表）
④5名/水曜休み

▲大垣共立銀行OKB体操クラブ
①岐阜県安八郡
②臼井俊範
③TEL0584-71-8308
④総会員数502人（内男子新体操38人）/月～金17：00～19：00 土日：9：00～13：00

◆三重県立高田高校
①三重県津市
②山崎和俊
③090-8863-5907
④6人/平日放課後2時間半、休日4時間
⑤全員初心者ながら、新体操の魅力にどっぷりはまっています。文武両道の精神で学業と部活の両立に努めています。

▲Leo RG
①三重県四日市市、鈴鹿市
②山下智也
③leo_rg_mie@yahoo.co.jp
④新体操選手として15人/週4回　3h～
⑤明るく！　楽しく!!　真剣に!!!をモットーに活動しているアットホームなチームです。Instagramもやってます！

近畿

◆▲清風高校・中学
①大阪府大阪市
②木村功（顧問）
③06-6771-5757
④在籍18名/練習週5日程度（平日2時間、休日4時間）

▲REX SPORT CLUB
①大阪府東大阪市
②西尾光平
③http://rex-sports-club.cloud-line.com/
④4～18歳対象/月～土　17：00～21：00　土14：00～17：00
⑤男子新体操では大会出場を目指すほか、大人対象のアクロバット指導、マット運動や鉄棒、チアリーディングなどの指導も行っています。

●花園大学
①京都府京都市
②竹内陸（監督）
③075-811-5181（大学代表）
④個人選手は午前から夕方まで。団体は、夕方から夜まで練習しています。

⑤のびのびと新体操ができる環境で花園大学らしい華やかで個性溢れるチームを目指しています。

●同志社大学
①京都府京都市
②藤綱竣也（2021年度主将）
③doshishataisou@gmail.com
④17名（うち男子新体操2名）
⑤恵まれた練習環境とは言えませんが、自分達で考え、工夫して練習に取り組むことでより一層成長できる環境だと思います。

◆京都市立紫野高校
①京都府京都市
②木學健
③075-491-0221
④部員13名/平日2時間半、休日4時間練習（月曜休み）
⑤高校生になってから始める選手が多数います。

◆京都府立網野高校
①京都府京丹後市
②小倉宏允
③077-272-0379
④9名/週5日活動　16：30～19：00（月曜休み）
⑤人としての成長を第一に初心者から経験者まで元気に活動しています。専用練習場あり。

▲京都少年体操学校
①京都府京都市
②太田雅之
④選手コース：平日2時間、休日4時間（週4日）/一般コース：土曜14：00～16：00
⑤床運動を基本に幅広い年齢層が活動しています。

▲丹後ジュニア新体操クラブ
①京都府京丹後市
②金子捷平
③090-6910-8892
④在籍25人/火・金18：30～20：00、土13：30～16：00

◆兵庫県立尼崎西高校
①兵庫県尼崎市
②大江誠
③06-6417-5021（学校代表）
④7名/木曜休み
⑤創部8年と歴史は浅いが、全国高校総体、全国高校選抜、全日本選手権に出場、入賞の実績あり。まだまだ発展途上のチームです！

▲清流会
①兵庫県尼崎市
②大江誠
③06-6417-5021（尼崎西高校）
④8名/月、水、土（2～3時間程度）
⑤全日本ジュニア出場、入賞の実績あり。小学4年生～中学3年生まで。仲良く楽しく男子新体操に取り組んでいます！

◆兵庫県立西宮今津高校
①兵庫県西宮市
②荒井剛
③079-845-1941
④在籍6名/平日16：00～18：30（木曜除く）　休日9：00～13：00または13：00～17：00
⑤ジュニア経験者と新規挑戦者のハイブリットチームです。モットーは文武両道と質実剛健。

▲南甲子園体操クラブ
①兵庫県西宮市
②大江豪
③http://www.mk-gc.com（090-4415-3432）
④一般体操80名、男子新体操4名。土曜13：00～、日曜9：00～
⑤新体操がみなさんの成長の一助になれば幸いです。

◆兵庫県立東播工業高校
①兵庫県加古川市
②西面佳人
③090-1070-2219
④5人/週5日　平日2時間、休日3時間
⑤高校から始めた者ばかりです。感謝の気持ちとチャレンジ精神を忘れないよう活動しています。

中国

●倉敷芸術科学大学
①岡山県倉敷市
②菅正樹
③086-440-1111（大学代表）
④9名/火～金19：30～22：30、土日9：00～18：00
⑤2020年男子新体操愛好会としてスタート。芸術と科学に関する創造性豊かな人材の育成を目指しています。一緒に新しい風を巻き起こしましょう！

◆岡山県立井原高校
①岡山県井原市
②長田京大
③090-3497-8316
④10名/平日16：30～18：30（部活）18：30～22：00（クラブ活動）土日9：00～夕方
⑤大きく強く美しい井原の新体操を世界へ発信していきます

▲井原ジュニア新体操クラブ
①岡山県井原市
②井上正
③090-1482-3741
④小中学生24名/週6日、3時間練習
⑤みんな仲良く、楽しく活動しています。

◆広陵高校
①広島県広島市
②三宅洋始
③082-225-6601（広島ジムフレンズ）
④8名/週6日、平日16：00～19：30、土14：00～16：00、日11：00～15：00
⑤初心者が大半を占める中で文武両道のもと、全国大会出場を目指して日々練習しています！

▲広島ジムフレンズ
①広島県広島市
②三宅洋始
③082-225-6601
④火～木18：00～20：30、土13：30～16：30（団体）17：00～18：30（個人）、日9：00～12：00（団体）
⑤選手クラスは県内、全国の大会への出場を目指しています。「やってみたい！」お子さんはぜひ一般クラスから体験してください。

◆広島県立三次高校
①広島県三次市
②藤原祐馬
③090-9509-7295
④8名/火～土　平日1時間半、土曜3～4時間練習。

▲キートス新体操クラブ
①広島県市・山口県
②野渕裕子
③080-4358-4056 y913t824@yahoo.co.jp
④15名/月・火・木・土・日の週5日練習。練習場所は、安芸郡、広島市、廿日市市、岩国市
⑤指導者が現役で活躍中なので、口頭だけでなくお手本を見せながら指導ができます。

▲智頭RGジュニアクラブ
①鳥取県智頭郡
②大塚和彦

③090-1011-6517
④15名（男女）/月・水17：30～19：00、土9：00～10：30

四国

◆香川県立坂出工業高校
①香川県坂出市
②林晋平
③0877-46-5191（学校代表）
④11名/火～金15：30～19：00、土日祝9：00～13：00
⑤創部70年以上の伝統ある部です。過去には全国大会優勝経験もありますが、「未経験者でも始められる」をモットーに取り組んでいます。

▲坂出ジュニア新体操クラブ
①香川県坂出市
②豊岡司
③090-5275-2845
④29名/土17：00～19：00（選手コースは水18：30～20：00にも練習有）
⑤体を動かす楽しさと新体操の魅力を感じてもらいながら子ども達の充実した活動に取り組んでいます。

◆徳島県立小松島高校
①徳島県小松島市
②丈池陽崇
③0885-32-2166（学校代表）

▲小松島市立小松島中学
①徳島県小松島市
③0885-32-2044（学校代表）

九州

●福岡大学
①福岡県福岡市
②大坪俊矢（監督）
③福岡大学スポーツ科学部
④19名/週6日　平日4～5時間、土日祝6～8時間
⑤学生主体で日々活動しています。自分たちのやりたいことをやり抜き通し、日本一を目指し日々日々練習に励んでいます！

◆福岡舞鶴高校
①福岡県福岡市
②中村優太
③092-806-3334（学校代表）
④高校生11名（うちマネージャー2名）/平日:放課後2～3時間程度、休日:4～5時間程度

▲福岡舞鶴誠和中学校
①福岡県福岡市
②中村優太
③092-806-3334（学校代表）
④中学生2名/平日:放課後2～3時間程度、休日:4～5時間程度

▲福岡舞鶴ジュニア新体操クラブ
①福岡県福岡市
②中村優太
③092-806-3334（学校代表）
④小学生5名/平日:放課後2～3時間程度、休日:4～5時間程度
⑤全員が競技経験ゼロからのスタートです！是非お気軽にお問い合わせください。

◆佐賀県立神埼清明高校
①佐賀県神埼市
②中山智浩
③0952-52-3191（学校代表）

▲神埼ジュニア新体操クラブ
①佐賀県神埼市
②松岡寛敏
③090-5935-4177
④34名/平日18：00〜20：30（火、金は自主練習）土日13：00〜17：00
⑤自主、自立（自律）の練習を目標にする。自分たちの目標に対して、必要な事を判断し、課題解決に向けて練習に励む。

▲佐賀ジュニア
①佐賀県佐賀市
②一丸慎二
③090-1874-7646
④15人/月〜金（水曜休み）18：00〜20：30、土日祝17：00〜20：00
⑤創部6年目で小学生中心の若いチームですが目標は日本一。たくましい身体と必要な行動力を身につけることを目的としています。

▲別府みやび新体操クラブ
①大分県別府市
②佐藤雅和
③090-7457-1014
④10名/月・金17：00〜19：00、選手コースは火水木も練習有。

◆熊本県立芦北高校
①熊本県芦北市
②牛迫大樹
③0966-82-2034（学校代表）
④8名/16：00〜19：00（平日）9：00〜13：00（土日祝）
⑤創部7年目の若いチームです。熊本の美しい体操を大切にしていきます。

▲JKA芦北ジュニア新体操クラブ
①熊本県芦北市
②下田洋介
③ashikita.jr.rgc@gmail.com
④在籍26名/選手クラス：週4〜5回（平日17：30〜20：00）/基礎運動クラス：月・金（18：00〜20：00）
⑤全国の皆さんへの感謝の気持ちを忘れず、日々の練習に励んでいます。

◆熊本県立水俣高校
①熊本県水俣市
②松尾昌治
③090-8830-7990
④部員2名、マネージャー1名（女子ダンス部門20名）
⑤男子新体操部門と女子ダンス部門に分かれています。男子新体操部門は「一技千回」をモットーに伝統受け継ぎ、日々練習に励んでいます。

▲水俣ジュニア新体操クラブ
①熊本県水俣市
②森田英嗣
③090-5745-9785
④在籍30名/月・水・金・日練習
⑤伝統ある水俣高校のきれいな徒手を全国の人に知ってもらえるように、全日本ジュニア優勝を目指して日々練習しています。

◆宮崎県立小林秀峰高校
①宮崎県小林市
②永野護（監督）
③0984-23-2252（学校代表）

▲都城新体操クラブ
①宮崎県都城市
②小松大仁郎
③080-5606-0041（Facebookからメッセージでも可）
④在籍6名/基本日曜日（月2〜4回）9：00〜12：00
⑤まだまだ若いチームですが、元気いっぱい頑張っています。いつでも見学、体験出来ます！

▲R.S.Gスクエア
①宮崎県宮崎市
②満永大介
③080-4282-2585
④在籍3名/練習日：月、水（各2時間）
⑤少人数ですが、大会に向けて日々頑張って練習をしております。

▲えびのR.G　（社会人）
①宮崎県えびの市
②前田正一
③0984-33-5689
④在籍7名/練習日　週2日　2〜3時間
⑤全日本社会人選手権で優勝を目標に掲げ、宮崎の子供達のお手本になるような演技をするため日々頑張っています！

▲えびのR.G　（ジュニア）
①宮崎県えびの市
②前田正一
③0984-33-5689
④選手コース（小学5年〜中学3年）人数7名/2〜3時間（火〜土）
　初心者コース（年中〜小学6年）人数6名/2時間（土日）
⑤初心者コースは楽しく、選手コースは全日本ジュニア大会の入賞を目指して、頑張っています。

▲小林新体操教室(小林R.G)
①宮崎県小林市
②朝留宏志
③0984-23-5204（小林体操協会事務局/認定こども園こすもす）
④在籍10名/練習日　週末2時間
⑤カラダづくりから楽しく体操に触れて、競技に繋げていけるよう頑張っています。

▲小林R.G(社会人)
①宮崎県小林市
②黒木一馬
③0984-23-5204（小林体操協会事務局/認定こども園 こすもす）
④在籍8名/練習日　週末2時間
⑤全日本新体操選手権大会を目標に頑張ります。

▲三桜ジュニア新体操クラブ
①宮崎県宮崎市
②青屋一馬
③kzm19890718@gmail.com
④選手9名/週5回/平均3時間程度
⑤社会人チームのコーチ達による指導が魅力です！ 楽しく、時には厳しく全国大会目指して頑張っています！

◆鹿児島実業高校
①鹿児島県鹿児島市
②樋口靖久
③099-286-1313（学校代表）
④18名/火〜金16：00〜20：00、土日祝9：00〜17：00

▲鹿実RG
①鹿児島県鹿児島市
②樋口靖久
③090-2719-3230（代表：太皷）
④基礎コース：木・土、選手コース火〜金17：00〜20：00、土日9：00〜17：00
⑤明るく、楽しく練習をしています。将来の新体操を担う子ども達、集まれ！

▲タートルスポーツクラブ
①鹿児島県薩摩川内市
②森下拓海（監督）
③0996-22-1130
④選手コース現在中学生2名・練習、週3〜5（18：00〜20：00）
⑤普段は楽しい体操を指導しております。鹿児島の民間企業では唯一体操場を持った施設。新体操に興味のある方、一般クラスからでも選手コースからでも構いません！ぜひお待ちしております。

お わ り に

　この本を手にしてくれた人は、すでに男子新体操が大好きな人や男子新体操をやっている人、やっている人の親御さんなどが多いかもしれません。でも、もしかしたら、昨今のアニメや漫画や舞台の影響で「男子新体操ってどんなスポーツ？」と知りたくなって買ってみたという人も少しはいてくれるかもしれないと期待しています。そしてそんなルーキーファンが、もっともっと知りたい！　と思ったときにこの本が役立ってくれればこんなに嬉しいことはありません。

　この本だけでは足りない！　という方のためにきっと役に立つサポーターたちを紹介しておきます。あなたの男子新体操ライフがより充実したものになりますように。

「男子新体操のこと、もっと知りたい！」
「男子新体操の選手になりたい！」
あなたのサポーターを見つけよう！

男子新体操採点規則(2015版)

日本体操協会発行の2015年度版採点規則。日本体操協会のホームページに購入方法があり、競技者や指導者でなくても購入は可能。読んでも理解することは難しいがかなり勉強にはなるのでおすすめ。

男子新体操独習マニュアル

男子新体操の強豪・青森大学の前監督・中田吉光氏が2009年に出版した「コーチと選手のための独習マニュアル」。指導者がいない環境でもどんな練習をすればよいかが記されている貴重な1冊。

日本体操協会公式サイト

https://www.jpn-gym.or.jp/rhythmic/

日本体操協会の公式ホームページ。大会の予定や、テレビ出演などの情報も得ることができる。全日本選手権などDVD販売がある際の購入方法も告知されるので見逃さないようにしよう。

体操 NIPPON(日本体操協会公式チャンネル)

https://www.youtube.com/channel/UC666V4bN5cctZJ1GgJ5NWUQ

全日本新体操選手権の動画も公開されている。最近では2020年に開催された男子新体操オンライン選手権の予選演技動画も大量に公開している。

インハイ TV

https://www.youtube.com/channel/UCqEZpXu06_UEH1k4ENfMAQQ

インターハイ開催時期には生中継も行い、アーカイブも時期によっては公開している。一度は見てみると運がよければ動画が見られるかもしれない。

国士舘大学男子新体操部公式チャンネル

https://www.youtube.com/channel/UCjfCCoaG5fwNiGxI58R8zrQ

2021年に本格スタートした国士舘大学男子新体操部のYouTube公式チャンネル。過去の大会動画や演技会動画のほか、このチャンネルのために撮影した動画も随時公開予定とのこと。

青森山田高校男子新体操部公式チャンネル

https://www.youtube.com/channel/UCgT5MMtsWHzn7BMQU9HLSGQ

2020年コロナ禍に誕生した青森山田の公式チャンネル。動画編集のスキルの高い部員が作ったという紹介動画は絶品。リアル大会には一度も出られなかった2020年の演技も公開されている。

新体操 NAVI

https://www.youtube.com/channel/UC26U28Q5CijtKSvmD9g6fVw

大会DVDの制作販売を行うNPO法人日本ビデオアルバム協会が2020年からスタートした新体操応援チャンネル。男女とも多くの学校、クラブを取材しており、男子新体操の学校も取り上げている。

男子新体操実践トレーニング〜明日への跳躍〜

https://www.tandh.net/rhythmicgymnastics_126.php

男子新体操の名門・青森山田高校のトレーニング方法が学べるDVD（2枚組）。ストレッチやアイソレーションなどの基礎トレーニングからタンブリングまで網羅。

スカイ A

https://www.sky-a.co.jp/

毎年、全日本新体操選手権を放送しているCS放送局。全日本選手権TOP10の選手の4種目をノーカット放送する「RG新体操の星」は新体操ファンから多くの支持を集めている。

シックス

照井にと作の男子新体操漫画。LINEマンガで配信中。すでにコミックスも1巻発売されている。作者の男子新体操愛が伝わってくる温かい漫画。山田小太郎氏の監修によるリアルな新体操描写は迫力満点！

©Nito Terui/LINE Digital Frontier

ササキスポーツオンラインショップ

http://www.sasakisports-onlineshop.jp/

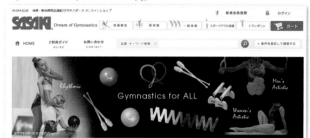

男子新体操の手具を扱っているのはここだけ。オンラインショップなら全国どこからでも注文できるのがありがたい。トレーニングウェアや長パンツなども販売している。

凛メルチェウエブサイト

http://rinmerche.jp/

男女ともオーダー、販売どちらにもレオタードを用意している。
豊富な品揃えで選ぶのが楽しくなるウエブサイト。
オーダーメイドには親身になって対応してくれ、リーズナブルな価格も魅力。
商品やオーダーの相談はウエブの「お問い合わせ」から。

男子新体操の試合着をオーダーできるメーカー

オリンストーン

https://www.olynstone.com/products/list?category_id=12

男子新体操の大会衣装オーダー受付中。
男子新体操ページを含め、オリジナルオーダーまでご希望通りに製作可能。

男子新体操レオタード FGRM-2018-1049〔注文製作〕【デザイン独り占めプラン】対象

男子新体操レオタード FGRM-2018-1048〔注文製作〕【デザイン独り占めプラン】対象

フラワーコーポレーション

https://www.flower-corp.com/

全国の有名校、トップ選手の衣装の製作実績あり。気軽にご相談ください。

監修

国士舘大学男子新体操部監督

山田小太郎

国士舘大学体育学部講師。日本体育学会所属。2008年より男子新体操部監督に就任し、2008年、2020年に全日本選手権で団体優勝、個人チャンピオンを多数輩出。自身も選手として1998年、2000年に全日本選手権を制している。
現在は、日本体操協会男子新体操委員会委員長を務め、CS放送の男子新体操中継での温かみのある的確な解説も好評。

協力

協力 ◆ 国士舘大学男子新体操部、大垣共立銀行 OKB 体操クラブ
モデル ◆ 村上恵右、高橋晴貴、田中啓介、井門輝、乾蒼真、森谷祐夢、臼井優華、桑原碧都、岩田隼

Staff

制作プロデュース ◆ 有限会社イー・プランニング
構成・執筆 ◆ 椎名桂子
撮影・写真提供 ◆ 清水綾子
デザイン・DTP ◆ 株式会社ダイアートプランニング　山本史子

男子新体操　完全ガイド
競技の魅力と楽しみ方がわかる

2021 年 4 月 30 日　　第 1 版・第 1 刷発行

監　修　　山田　小太郎　（やまだ　こたろう）
発行者　　株式会社メイツユニバーサルコンテンツ
　　　　　代表者　三渡　治
　　　　　〒 102-0093 東京都千代田区平河町一丁目 1-8
印　刷　　三松堂株式会社

ご意見・ご感想はホームページから承っております。
ウェブサイト　https://www.mates-publishing.co.jp/

編集長：折居かおる　副編集長：堀明研斗　企画担当：堀明研斗